UNDERSTANDING
How to Fight the Good Fight of Faith

Kenneth E. Hagin

Understanding How to Fight the Good Fight of Faith
by Kenneth E. Hagin

ⓒ 1987 RHEMA Bible Church
AKA Kenneth Hagin Ministries, Inc.
P. O. Box 50126 Tulsa, OK 74150-0126 U.S.A.
All Rights Reserved.

2009 / Korean by Word of Faith Company, Korea.
Translated and published by permission
Printed in Korea.

믿음의 선한 싸움을 싸우는 법

1판 1쇄 발행일 · 2009년 2월 16일
1판 2쇄 발행일 · 2017년 6월 8일

지은이 케네스 해긴
옮긴이 김진호
발행인 최순애
펴낸곳 믿음의말씀사
2000. 8. 14 등록 제 68호
(우) 16934 경기도 용인시 기흥구 신정로 301번길 59
TEL 031)8005-5483/5493 FAX 031)8005-5485
http://faithbook.kr

ISBN 89-90836-71-9 03230
값 9,000원

본 저작물의 한국어판 저작권은 케네스 해긴 목사님을 통해 FAITH LIBRARY와의 독점 협약으로 '믿음의 말씀사'가 소유합니다. 저작권법에 의해 한국 내에서 보호를 받는 저작물이므로 무단 전재와 복제를 금합니다.

믿음의
선한 싸움을
싸우는 법

케네스 해긴 지음 | 김진호 옮김

믿음의말씀사

목 차

서문 _ 6

역자 서문 _ 8

제1장 새로운 탄생 이해하기 _ 13

제2장 그리스도 안에서 우리의 위치 이해하기 _ 43

제3장 '의'를 이해하기 _ 79

제4장 예수 이름에 대한 우리의 합법적인 권리 이해하기 _ 109

제5장 하나님의 말씀대로 행동하는 법을 이해하기 _ 133

제6장 우리의 고백을 이해하기 _ 175

서문

우리가 그리스도 안에서 누구인지 이해하는 것은 그리스도의 몸에 많은 이익을 가져다 줄 수 있습니다. 하나님께서 그분이 가지고 있는 모든 것을 그리스도 안에서 이미 우리를 위해 준비하셨음에도 불구하고, 그리스도인들은 부족함에 시달려 왔습니다! 그들이 자기가 이미 가지고 있는 것들을 사용할 줄만 안다면, 많은 믿는 자들이 자기가 기도로 구하는 것이 이미 자기 것임을 깨닫게 될 것입니다.

만약 사탄이 우리를 우리 혼의 **논리**의 영역에서 붙들어 놓을 수만 있다면, 그는 매번 우리를 패배시킬 수 있습니다. 하지만 우리가 그를 **믿음**의 영역에 붙들어 놓으면, 우리가 사탄을 매번 패배시킬 것입니다! 이것이 바로 그리스도인들이 어떤 싸움을 싸워야 하는지 이해해야만 하는 중요한 이유입니다! 그리스도인들이 싸우도록 부르심 받은 싸움은 오직 **믿음의 선한 싸움**입니다. 우리는 그리스도인으로서 이 싸움을 어떻게 싸워야 하는지 이해해야만 합니다. 그리고 하나님께서는 이미 그의 백성들을 위해 원수를 성공적으로 패배시킬 무기가 가득한 군수 창고를 준비하셨습니다!

오클라호마, 털사 1987년 5월

케네스 E. 해긴

역자 서문

 구원은 예수 그리스도의 복음을 듣고 마음으로 믿고 입으로 시인함으로 받는 것입니다. 성령 충만도 거듭난 성도는 누구나 주님께 구하면 받을 수 있는 것입니다. 처음 성령이 임하실 때 "그들이 다 성령의 충만함을 받고 성령이 말하게 하심을 따라 다른 언어들로 말하기 시작했습니다."(행 2:4)

 그러나 거듭난 그리스도인의 신앙생활은 이제부터 시작입니다. 어린 아기가 어머니의 젖을 먹으며 몸이 자라듯이 하나님의 자녀는 하나님의 입에서 나오는 말씀을 먹으며 자랍니다. 하나님의 말씀이 거듭난 내 영의 양식입니다. 말씀을 읽고 배움으로 그리스도 안에서 은혜로 주신 것들을 성령의 도움으로 깨달아 알기 시작합니다. 그러나 이 말씀에 대한 바른 가르침으로 복음에 대한 올바른 계시가 없으면, 여전히 갈라디아 교회 성도들처럼 율법에 매여 종노릇하거나, 마귀의 정죄를 이기지 못하고 스스로 자책하고 열등감에 빠져듭니다.

그래서 성경은 내 백성이 지식이 없으므로 망한다고 말했습니다. 예수 그리스도의 구원으로 말미암아 하나님의 자녀가 됨으로써 그리스도 안에 있게 된 자신의 신분과 권세를 바로 아는 것은 그리스도인에게 너무나 중요합니다. 마귀는 그리스도께 패배하여 무장이 해제된 적으로서, 그리스도 안에 있는 자신의 신분과 권세를 아는 말씀으로 무장된 그리스도인은 속일 수 없습니다.

그러므로 예수님께서 광야에서 마귀의 유혹을 받으실 때 말씀으로 대적하여 승리하였듯이 그리스도인도 말씀으로 마귀를 대적하여 항상 승리하는 삶을 살 수 있습니다. 그리스도의 구원의 능력과 본질, 그리스도 안에서 의롭게 된 성도의 신분, 예수 이름을 사용하여 적의 모든 술책을 대적하여 능히 이길 수 있는 능력 등에 대한 계시의 말씀이 없으면 마귀의 공격에 효과적으로 대적하지 못하고 불필요한 고통을 받게 됩니다.

무엇보다도 좋은 하나님과 악한 마귀에 대한 흑백이 정확해야 합니다. 즉 우리를 질병으로 공격하는 자가 누구인지 "마귀에게 눌린 모든 사람을 고치신" 그리스도를 통해 분명히 알아야 합니다. 적과 아군을 혼돈하게 하는 어떤 "현학적인 신학자의 이론"도 누룩이 되어 예수 그리스도를 통하여 보여 주신 "단순하고 순수한 복음의 능력"에 대한 믿음을 오염시키지 않도록 주의해야 합니다.

승리하는 그리스도인이 되기 위해서는 예수님을 구주와 주님으로 영접하는 기도 한 번으로, 성령 충만함을 받고 방언을 말하는 체험을 한 것으로 충분하지 않습니다. 수동적이고 방어적인 태도가 아니라, 적이 누구인지 알고 적의 의도를 알 뿐만 아니라, 복음의 진리 안에 굳게 서서 믿음의 선한 싸움으로 마귀를 대적하는 적극적이고 공격적인 태도만이 그리스도 안에 있는 승리를 내 것으로 보장해 줍니다.

이 세상에 살고 있기 때문에 그리스도인은 끊임없는 세상과 죄와 마귀의 도전을 대면하게 되며, 따라서 철저한 방어태세와 전투준비에 만전을 기하는 말씀과 성령의 충만함을 유지해야 합니다. 믿음의 선한 싸움을 싸우는 그리스도의 군사로서 주님이 주신 기업을 지키고, 적진을 무너뜨리고 공격하여 원수에게 포로된 자들을 자유케 하는 사명을 잘 감당해야 합니다.

이 책에서는 우리의 믿음을 방해하는 6가지에 대해 잘 다루고 있습니다. 새로운 탄생을 이해하는 것, 그리스도 안에서 우리의 위치를 이해하는 것, 거듭난 그리스도인은 의인임을 잘 이해하는 것, 예수님의 이름을 활용할 권세가 우리에게 있다는 것을 이해하는 것, 하나님의 말씀대로 행동하는 법을 이해하는 것, 우리의 고백에 대해 잘 이해하는 것을 배운다면 당신의 믿음의 싸움을 효과적이게 해 줄 것입니다.

믿음의 선한 싸움에서 늘 승리하고 영생을 취하며 하나님의 나라를 확장하는 그리스도의 군사로 훈련받고 사명을 완수하는데 큰 도움이 되기를 기도합니다.

2009년 2월 9일

김진호 목사
그리스도의 대사들 서울 / 용인교회 담임
예수선교사관학교장

제 1 장

새로운 탄생 이해하기

믿음의 선한 싸움을 싸우라 … 딤전 6:12

오직 믿음의 선한 싸움만이 그리스도인이 싸우도록 부름받은 싸움입니다. 어떤 사람들은 이 성경구절을 읽고는 "싸우라"는 단어만 읽습니다. 그리고는 읽기를 멈추고 바로 싸우기 시작합니다! 어떤 사람들은 그냥 무작정 싸우라는 것으로 알아듣습니다. 어떤 사람들은 "다른 형제 그리스도인들과 싸우라"는 말로 이해합니다. 그 사람들은 전체 성경구절을 읽었어야 그들이 어떤 싸움을 싸워야 하는지 이해했을 것입니다. 성경은 우리가 어떤 싸움을 싸워야 하는지 정확히 말하고 있습니다. 바로 믿음의 선한 싸움입니다! 믿음의 싸움만이 우리가 싸워야 하는 싸움입니다. 만약 우리가 다른 싸움을 싸우고 있다면, 우리는 잘못된 싸움을 하고 있는 것입니다.

믿음을 방해하는 적이나 장애물이 없었다면 믿음의 싸움을 싸울 필요가 없을 것입니다. (적이나 싸울 상대가 없다면 싸움은 있을 수 없는 것입니다.)

믿음의 가장 큰 적은 바로 새로운 탄생에 대한 이해의 부족입니다. 보시다시피 당신은 당신이 가지고 있는 하나님의 말씀에 대한 실제적 지식 그 이상은 믿을 수 없습니다. 이것이 바로 많은 사람들이 기도 생활과 믿음 생활에서 실패하는 이유입니다. 그들은 그들이 가지고 있는 하나님의 말씀에 대한 지식 이상으로 믿으려고 하고 있기 때문에 실패합니다.

그리스도인으로서 우리가 불신앙 안에 살고 우리의 믿음이 제한 받는 하나의 이유는 속량과 우리의 속량적 권리에 대한 이해가 부족하기 때문입니다. 우리는 하나님의 말씀이 우리의 속량에 대해서 뭐라고 말하고 있는지 모르며, 그러한 이해의 부족이 바로 믿음의 가장 큰 적입니다. 하나님의 말씀에 대한 무지는 불신앙을 생산합니다. 우리가 새로운 탄생을 바로 이해하지 못한다면, 즉 그 뜻과 그것이 믿는 자들에게 가져오는 혜택을 이해하지 못한다면, 우리의 믿음은 방해 받습니다.

> 그런즉 누구든지 그리스도 안에 있으면 새로운 피조물이라 이전 것은 지나갔으니 보라 새 것이 되었도다 고후 5:17

고린도후서 5장 17절은 놀라운 하나님의 말씀입니다. 이 얼마나 놀라운 진리가 이 구절 안에 담겨 있는지요! "…그런즉 누구든지 그리스도 안에 있으면 새로운 피조물creature 이라…" 킹제임스 번역에는 "새로운 피조물creation"이라고 적혀있습니다. 하나님을 찬양합니다! 나는 내가 새로운 피조물이라는 것이 기쁩니다!

우리는 영적인 존재입니다

우리는 새로운 탄생이 속사람 – 우리의 진정한 실체 – 에 관해서 말하고 있음을 깨달아야합니다. 겉사람에 관하여 말하는 것이 아닙니다. 바울이 말한 것을 기억하십시오. "…그러므로 우리가 낙심하지 아니하노니 우리의 겉사람은 낡아지나 우리의 속사람은 날로 새로워지도다"(고후 4:16). 속사람이 바로 진정한 당신입니다.

거듭나서 그리스도 안에서 새로운 사람이 되기 전까지는 아무도 자기 자신을 알 수 없으며 다른 어떤 누구도 알 수 없습니다. 새로운 탄생이 없이는 사람은 자신이 영적인 존재인 것도 모릅니다.

현대의 많은 사람들은 정신과 의사를 찾아가 자신을 "이해"

해주길 원합니다. 하지만 정신과 의사는, 그 사람이 그리스도인이 아닌 이상, 당신을 절대로 이해할 수 없습니다. 왜냐하면 오직 그리스도인만이 사람은 영적인 존재인 것을 이해하기 때문입니다. 정신의학은 육의 감각을 통해 사람의 생각과 감정이 어떻게 기능하는지를 다룹니다. 정신의학은 사람이 육체와 생각(혼)만을 가지고 있다는 가정 하에 기능합니다.

몇 년 전에 저는 캘리포니아의 지역 신문의 첫 페이지에서 그 시대 그 지역의 명성 높은 탁월한 정신과 전문의가 자살을 했다는 기사를 보았습니다. 그는 46살의 젊은 사람이었습니다. 몇몇의 유명한 헐리우드 영화배우들이 그의 보살핌 아래 있었습니다.

아무도 이 남자가 왜 자살을 했는지 이해할 수 없었습니다. 이 사람은 겉보기에는 모든 것을 가지고 있었습니다. 그는 값이 완전히 지불된 아름다운 궁궐 같은 집에서 살았습니다. 그는 은행 계좌에도 어마어마한 돈이 있었고 재정적인 어려움이 전혀 없었습니다. 그는 가정적 어려움도 없었습니다. 그는 육체적 어려움도 없었습니다. 마지막 기사가 실린 이후에도 사람들은 그가 왜 자살했는지 몰랐습니다. 그 남자는 다른 사람들을 도와야 하는 사람이었지만, 보시다시피 자기 자신을 위한 해답은 가지고 있지 않았습니다.

많은 사람들이 가지고 있는 문제는 그들이 항상 영적인 관점보다는 육체적이거나 자연적인 관점에서 모든 것을 바라본다는 것입니다.

사람의 필요에 대한 해답은 영적인 영역 안에 존재합니다. 사람은 그리스도인이 아닌 이상 자기 자신을 진정으로 알거나 이해할 수 없으며, 또한 **그리스도인이 아닌 사람은 그 어떤 생각이나 행동이라도 할 수 있습니다.** 이것은 사람의 영적 본성이 타락한 본성이며, 사람은 자기 자신의 본성을 바꿀 수 없기 때문입니다. 성경은 말합니다. "구스인이 그의 피부를, 표범이 그의 반점을 변하게 할 수 있느냐?"(렘 13:23) 그렇습니다. 사람은 자신의 본성을 바꿀 수 없습니다. 하지만 하나님은 바꾸실 수 있습니다!

"그러므로 누구든지 그리스도안에 있는 자는 새로운 피조물이라!" 속사람, 즉 진짜 당신은 새로운 피조물입니다. 이 새로운 피조물은 하나님의 생명과 본성을 지니고 있습니다.

하지만 겉사람은 새로운 피조물이 아닙니다. 우리는 거듭날 때 새로운 육체를 받지 않습니다. 성경은 우리가 언젠가는 새로운 몸을 가지게 될 것이라고 말하지만 우리는 아직은 가지고 있지 않습니다. 하지만 지금은 우리의 속사람 – 진정한 당신, 영적인 사람 – 은 이미 그리스도 안에서 새로운 사람이 되었습니다.

이해가 믿음을 증가시킨다

저는 수년 전에 아파서 침대에 누워있을 때 고린도후서 5장 17절을 붙잡았습니다. 그 때, 의학은 제 육체적 상태로는 더 이상 살 수 없다고 말했습니다.

저는 평생 동안 구원과 새로운 탄생에 대한 설교를 들어왔습니다. 비록 교회에 소속되어있긴 했지만 저는 진정으로 거듭난 적이 없었습니다. 하지만 제가 질병으로 침대에 누워 구원을 받기 위한 기도를 했을 때, 저는 주님이 제 기도를 들으신 것을 의심하지 않았습니다. 구원에 관한 이해는 부족하지 않았기 때문에 그것에 관한 불신앙은 없었습니다. 저는 구원을 받았고, 제가 구원 받았다는 것을, 거듭났다는 것을 알았습니다.

하지만 저는 여전히 아파서 침대에 누워 있었습니다. 제 몸에 관한 치유에 대해서는 전혀 이해하지 못했습니다. 저희 교회에서는 그런 교리에 대한 가르침이 별로 없었습니다. 치유에 관해서는 "그저 주님께 맡겨라. 그분이 제일 잘 아신다."라는 얘기만 들었습니다.

(하지만 하나님 말씀에는 하나님께서 우리가 그분의 최고를 가질 수 있도록 미리 예비하셨다고 말합니다. 주님을 찬양합니다. 하나님께서 우리가 그 최고를 어떻게 취할 수 있는지

말씀해 주셨습니다. 그러나 이제는 하나님께서 미리 예비해 주신 것을 받는 것은 우리의 책임입니다.)

보시다시피 하나님의 말씀과 그리스도 안에서 우리를 위해 예비해 놓으신 것들에 대한 무지는 우리의 믿음을 방해합니다. 그 무지는 제 믿음을 방해했습니다. 그 무지가 저를 16개월 동안 질병으로 침대에 앓아눕게 했습니다. 시간이 지나고 말씀을 깊이 공부한 후에, 저는 기도할 때 정확히 어떤 절차를 밟아야 하는지 그리고 치유를 받기 위해 어떻게 내 믿음을 풀어놓아야 하는지 알게 되었습니다. 제가 이것을 몇 개월 전에만 알았더라도 나는 그 침대에서 더 일찍 나올 수 있었을 것입니다.

하나님은 오셔서 저를 치유하실 "지정된 시간"을 가지고 계시지 않았습니다. "지정된 시간"에 마비가 없어지고 불치의 혈액병이 떠나가고 기형 심장이 정상으로 변하는 것이 아닙니다. 왜냐하면 하나님은 **매일** 동일하시기 때문입니다!

하나님께 문제가 있는 것이 아니었습니다. 문제는 제게 있었습니다. 하나님의 말씀에 대한 저의 무지가 믿음을 방해한 것입니다. 제가 하나님의 말씀이 뭐라고 말하는지 알고 그대로 행동했을 때, 저는 제가 기대한 결과를 받았습니다! 우리는 우리가 가지고 있는 하나님의 말씀에 대한 지식 이상으로 행동할 수 없습니다. **믿음은 하나님의 말씀을 이해하는 것만큼 자라납니다.** 만약에 당신의 믿음이 자라고 있지 않다면 하나님의 말씀에 대한 당신의 지식이 자라고 있지 않은 것입니다. 만약에 제 믿음이 자라고 있지 않다면 저는 제 자신에게 왜 그런지 물어볼 것입니다. 그리고 제 믿음을 하나님의 말씀으로 먹이기 시작할 것입니다. 만약에 당신이 믿음 안에서 자라고 있지 않다면 당신은 영적으로 성장하지 못하고 있습니다.

제가 고린도후서 5장 17절을 이해하게 되자, 그 구절은 제가 제일 좋아하는 구절이 되었습니다. 제가 질병으로 앓아누워 있었던 침대에서 나왔을 때 저는 제가 만나는 모든 사람들에게 말했습니다. "나는 새로운 피조물이다!"

그 때 저는 고작 17살이었고 저와 같은 믿음을 나누고 교제할 수 있는 그리스도인들이 없었습니다. 나이가 적든 많든 저의 이런 믿음과 하나님을 믿으며 사는 삶에 동의하여 힘이 되어주는 친구는 단 한 명도 없었습니다. 저는 혼자서 일어서야만 했습니다. 하지만 여러분께 말합니다. 저는 혼자서도 아주 즐겁게 믿음 안에서 일어섰습니다! 많은 사람들이 가지고 있는 세상과 육체와 마귀에 관한 문제들이 저에게는 없었던 이유는 제가 모두에게 "나는 새로운 피조물이다."라고 말했기 때문이라고 저는 확신합니다. 그것이 저의 지속적인 고백이었습니다.

당신이 새로운 피조물이라는 고백을 꼭 붙잡으십시오. **당신은 언제나 당신의 고백만큼의 수준으로 상승할 것입니다.**

그리고 당신 속에 있는 새로운 사람이 육을 지배하게 되면서 새로운 피조물의 역사가 겉사람에게도 나타날 것입니다.

새로운 피조물의 이야기

1934년 8월 둘째 주 화요일에, 저는 질병으로 누워 있던 침대에서 일어났습니다. 그 다음 토요일인 1934년도의 둘째 주 토요일에, 저는 시내로 나갔습니다. 이 마을은 아주 작았고 그 때는 인구가 9,000명이었습니다. 그 때는 근처의 농사를 짓는 분들을 포함한 많은 사람들이 토요일에 시내로 나왔습니다. 많은 사업체들이 법원 광장 근처에 위치했었기 때문에 토요일에는 항상 사람들로 시내가 북적거렸습니다.

저는 친구를 우연히 만났습니다. 제가 아파서 침대에 눕기 전부터 우리는 배꼽친구였습니다. 하지만 제가 아파서 침대에 누워있던 16개월 동안 그는 저를 단 한 번밖에 보러 오지 않았습니다.

이번 토요일만큼은 저를 본 것이 무척이나 기쁜 것처럼 보였습니다. 우리는 1934년형 V8 포드 차 위에 앉아 제가 새로운 피조물이 되기 전에 우리가 같이 했던 일들에 대해서 이야기를 나누기 시작했습니다. 그는 이전과 같이 옛 피조물 모습

그대로였고 저는 새로운 피조물이 되어 있었습니다.

자연적인 측면에서는 모든 사람이 어떤 종류의 재능을 가지고 있습니다. 어떤 사람들은 자기가 가지고 있는 재능을 알아차리지 못합니다. 재능은 아마도 우리가 태어날 때부터 가지고 있는 것일 것입니다. 저에게는 두 가지 재능이 있었습니다. 첫째로 저는 항상 야생 동물들을 잘 다룰 수 있었고, 둘째는 그 어떤 자물쇠도 열 수 있었습니다.

왜 그런지는 설명을 못 하겠지만 저는 항상 자물쇠들에 관심을 가지고 있었습니다. 저는 어린 청소년 시절에 제가 들어가고 싶은 곳은 어디든지 들어갈 수 있었습니다. 그리고 이 친구는 제가 12살, 13살 때 어떤 건물의 자물쇠를 열고 여러 명의 남자아이들과 함께 그 안에 들어갔던 것을 상기시키고 있었습니다.

제가 항상 이런 일을 했다는 인식은 주고 싶지 않지만 한 두 번은 이 남자 아이들을 위해 자물쇠를 열었습니다. 제 자신은 어둠이 무서워서 들어가지 않았습니다. 그 때는 요즘처럼 가게들을 환히 밝히지 않았습니다. 그 남자 아이들은 그 안으로 들어가 사탕을 가지고 나왔습니다. 그들은 사탕만 가지고 나왔습니다. 물론 저도 그들과 함께 사탕먹는 일을 도왔습니다.

제 친구가 옆 건물을 손가락으로 가리키며 웃으면서 말했습니다. "그 밤을 기억하니?"

저는 그 자리에 앉아 마치 가면을 쓴 것 같은 얼굴을 하고 그가 무슨 말을 하고 있는지 모르는 것처럼 행동했습니다. (물론 그가 무슨 말을 하고 있는지는 알고 있었지만 저는 이번 기회에 그에게 증인이 되길 원했습니다.)

그가 마침내 말했습니다. "너 도대체 어떻게 된거야?"

"아무 일도 없는데."

"넌 마치 내가 무슨 말을 하고 있는지 아무것도 모르는 것처럼 행동하잖아. 네가 아니었으면 우리가 그 사탕을 구할 수 없었다고." 그는 계속해서 그날 밤 얘기를 더 구체적으로 하였고 저는 표정 없는 얼굴로 그 자리에 앉아 있었습니다.

"너 도대체 왜 그래?" 그가 또 물었습니다.

"아무 일도 없어." 제가 대답했습니다.

"넌 마치 내가 무슨 말을 하는지 모르겠다는 듯 행동하잖아. 네가 우리를 위해서 그 자물쇠를 열었잖아."

저는 말했습니다. "레프티, 그날 밤 너희들과 함께 했던 그 친구는 이미 죽었어."

"넌 죽지 않았어!" 그가 소리쳤습니다. "너도 네가 죽지 않았다는 것을 알잖아."

(그는 육의 눈으로 상황을 보고 있었습니다. 저는 육체적으로 죽은 것이 아니었습니다. 하지만 저는 영적인 눈으로 상황을 보고 있었습니다.)

그가 말했습니다. "네가 죽을 뻔 한건 알고 있지만 넌 죽지 않았어. 넌 지금 내 앞에 앉아 있잖아."

"아," 저는 말했습니다. "너는 그저 내가 살고 있는 집만 보고 있는 거야. 너는 지금 겉사람인 내 육체를 보고 있어. 내 속사람은 예수 그리스도 안에서 새로운 피조물이야."

저는 계속해서 말했습니다. "성경은 고린도후서 5장 17절에서 '누구든지 그리스도 안에 있으면 새로운 피조물이라. 이전 것은 지나갔으니 보라 모든 것이 새것이 되었도다' 라고 말하고 있어."

그 구절이 뭐라고 말하는지 잘 보십시오. **이전 것들**은 지나갔습니다. 그렇기 때문에 제 속에 있던 옛사람이 지나갔다고 그에게 말한 것은 사실이었습니다! **모든 것**이 새로워졌습니다!

육체와 싸우기

새로운 피조물 안에서는 당연히 모든 것이 새로워집니다. 우리는 그리스도인으로서 우리의 속 안에 있는 이 새로운 사람이, 이 새 피조물이 겉사람을 지배할 수 있도록 하는 방법을 배워야 합니다. 겉사람, 즉 우리의 육신은 거듭나지 않았기 때문에 새로운 사람이 아닙니다. 육신은 그가 예전부터 하던 잘못된 일들을 계속 하길 원할 것입니다. 바울도 자기의 육신이 예전에 하던 일들을 계속 하길 원했다고 말합니다. 그러니 당신의 육신이 그러고 싶어질 때 놀라지 마십시오.

> 내가 내 몸을 쳐 복종하게 함은 내가 남에게 전파한 후에 자신이 도리어 버림을 당할까 두려워함이로다 고전 9:27

바울은 "내가 내 몸을 쳐 복종하게 함은…"이라고 말했습니다.

이 문장에서 "나"는 누구일까요?

이 "나"는 속사람을 말합니다. 그리스도안에서 새롭게 된 사람입니다.

"…내가 내 몸을 쳐 복종하게 함은…" 바울이 이렇게 썼습니다.

당신의 몸이 당신의 진정한 모습이었다면 바울은 "내가 내 자신을 복종하게 한다"고 말했을 것입니다. 하지만 그는 그렇게 말하지 않았습니다. 그는 "내가 내 몸을 복종하게 함은…"이라고 말했습니다.

무엇에 복종하게 하는 것입니까? 바로 속사람에게 복종하게 하는 것입니다.

용어가 어떻게 사용되는지 잘 보십시오: "**내가** 내 몸을 복종케 한다. **내가** 내 몸을 친다 (주관한다)." 하나님께서 **당신의 몸**을 가지고 무엇을 하시지 않으십니다. 바로 당신이 스스로 자신의 몸을 가지고 무엇을 해야 하는 것입니다. 그렇지 않다면 육에는 아무 일도 일어나지 않을 것입니다. 하나님은 당신의 영을 가지고 무엇인가를 하십니다. 그분은 우리의 속사람, 즉 사람의 영을 새로운 피조물로 만드십니다. 그리고는 성령님께서 당신의 영 안에 거하시도록 보내시고 당신이 겉사람을 가지고 무엇인가를 할 수 있도록 능력을 주실 것입니다.

어떤 사람들은 이렇게 말합니다. "저는 제가 하는 일들을 어쩔 수 없습니다. 저는 정말 어쩔 수 없어요." 아닙니다! 당신은 그 일에 관해서 무엇인가를 할 수 있습니다!

바울이 말했습니다. "내가 내 몸을 친다(주관한다). 내가 내 몸을 복종케 한다." 당신과 저는 이 위대한 하나님의 사람이, 이 사도가, 이 하나님의 거룩한 사람이 자신의 몸이 잘못된 일들을 하길 원하지 않았다면 자신의 몸을 칠 필요가 없었다는 것을 알고 있습니다. 그렇지 않았다면 그렇게 말할 필요가 없었겠지요.

거듭난 후에도 우리는 우리의 육신과 싸워야 하고 사탄은 육신을 통해서 일할 것입니다. 시험과 위기와 유혹의 시간에 사탄은 가끔 그리스도인들에게 이렇게 말할 것입니다. "너는 구원도 받지 않았나보구나. 네가 만약 구원을 받았다면 너는 잘못된 일들을 하고 싶어 하지 않을 거야." 사탄은 그 잘못된 일을 하고 싶어 하는 것이 마치 당신 자신인 것처럼 말할 것입니다. 하지만 속사람은 잘못된 일을 본성적으로 하고 싶어 하지 않습니다.

바울의 몸은 어떤 잘못된 일을 하고 싶어 했습니다. 그렇지 않았다면 그는 그의 몸을 쳐 복종케 할 필요가 없었을 것입니다. 그는 이렇게 말했습니다. "나는 내 몸이 나를 복종케 하지 않을 것이다. 내가 내 몸을 쳐 복종케 한다. 내가 어떤 식으로든 내 몸이 나에게 복종하게 할 것이고 그렇게 못한다면 내가 다른 사람들에게 복음을 전한 후에 나 자신도 버림받을 것이다." 난외주에는 "내가 인정을 받지 못할 까봐."라고 해석했습니다. 저는 하나님으로부터 인정받지 못하기를 원하지 않습니다. 당신도 그렇지 않습니까?

죄사함Remission**과 용서**Forgiveness

어떻게 새로운 탄생의 이 부분에 대한 무지가 믿음을 방해할 수 있을까요?

많은 사람들이 제게 이렇게 말했습니다. "해긴 형제, 저는 구원받기 전에 너무나 끔찍한 인생을 살아왔습니다." 그들은 그들이 구원받기 전에 죄인의 삶을 살았기 때문에 주님이 어떻게 자신을 위해서 어떤 일(몸의 치유나 자신들의 기도를 들어주는 일)이든 하실 수 있는지 믿을 수가 없다고 계속해서 말합니다. 이런 사람들은 새로운 탄생에 관한 이해가 부족하고 그리스도 안에서 자신들이 "새로운 피조물"이 되었다는 것을 모릅니다.

말씀은 "그러므로 누구든지 그리스도 안에 있으면 새로운 피조물이라!"고 말합니다. 이전 것은 지나갔습니다! 모든 것이 새롭게 되었습니다!

죄인이 예수님께로 나올 때 그의 죄들은 사해집니다. 그의 죄들은 지워졌습니다. 하나님의 관점에서 그가 구원받기 전에 영적으로 했던 모든 말은 지워졌습니다. 그는 그리스도 예수 안에서 새로운 사람이 되었습니다. 하나님은 그의 거듭나기 전의 삶은 보지 않으십니다. 그 죄인은 죄사함을 받았습니다.

거듭난 후에 하나님의 자녀가 된 이후로 그리스도인은 죄를 용서 받습니다. 죄사함은 과거의 모든 것(좋은 일과 나쁜 일)을 지우는 것에 관한 것이고, 이것이 바로 죄인이 필요로 하는 일입니다. 하지만 그리스도인은 개인의 죄가 해결되어야 할 필요만 있는 것이고 죄에 대한 용서를 받음으로 그 일은 해결됩니다. (이것에 관해서 더 깊이 공부하길 원하신다면 저의 소책자, 『위대한 세 단어Three Big Words』를 읽으십시오.)

베드로가 말했습니다. "갓난아이들 같이 순전하고 신령한 젖을 사모하라 이는 이로 말미암아 너희로 구원에 이르도록 자라게 하려 함이라"(벧전 2:2). 베드로는 이미 거듭나고 그리스도 안에서 새로운 사람이 된 그리스도인들에게 이 편지를 쓰고 있는 것입니다. 성경은 영적 성장과 육체적 성장에는 공통점이 있다고 가르칩니다. 그 누구도 완전히 성숙한 인간으로 태어나지 않습니다. 우리는 자연적인 영역에서 아기들로 태어나고 성장합니다. 이와 같이 그 누구도 완전히 성숙한 그리스도인으로 태어나지 않습니다. 그리스도인들은 아기로 태어나서 성장하기 시작합니다.

자연적인 영역에서 엄마의 품에 안긴 새로 태어난 아기를 볼 때 이 아기에게서 제일로 눈에 띄는 성품은 바로 순결함 innocence입니다. 당신은 다른 사람들이 아기를 "예쁘고 순결한 것"이라고 부르는 것을 들을 수 있습니다. 당신은 그 아기가 과거를 가지고 있다고 생각하지 않으시지요? 그 아기를 보면서, "이 아기가 얼마나 끔찍한 죄를 지었는지 궁금하네."라고 말하지 않을 것입니다. 그 아기는 새로 태어났고 과거를 가지고 있지 않습니다.

이제 하나님께서 무슨 말씀을 하시는지 아시겠습니까? 하나님께서는 그리스도 안에서 거듭난 아기들을 위해 이렇게 말씀하십니다. "갓난아기같이 말씀의 순전한 젖을 사모하라.

너희는 새로운 피조물이 되었다! 네가 그 갓난아기와 같다. 너는 과거가 없다. 너의 과거는 완전히 사라졌다! 나는 네가 한 일들을 기억하지 않는다."

나 곧 나는 나를 위하여 네 허물을 도말하는 자니 네 죄를 기억하지 아니하리라 사 43:25

내가 그들의 불의를 긍휼히 여기고 그들의 죄를 다시 기억하지 아니하리라 하셨느니라 히 8:12

하나님은 당신을 보실 때 당신에게 과거가 있다는 것을 기억하지 않으십니다. 그렇다면 당신이 과거를 기억할 필요가 있습니까? 과거의 죄와 실수들을 기억하는 것은 당신의 믿음을 방해할 것입니다.

분노하는 그리스도인들

저는 매우 어두운 과거를 가진 사람들이 구원받고 성령으로 충만해지는 것을 보았고, 주님을 떠난 사람들이 하나님과의 교제로 돌아오는 것을 보았습니다. 가끔은 구원받은 지 오래

된 그리스도인들이 그것에 대해서 화를 내며 "저는 이해할 수 없습니다."라고 말했습니다. 그들은 "그것은 하나님이 하신 일 일수 없습니다. 하나님은 저런 사람을 성령으로 충만하게 하시지 않을 것입니다!"라고 말했습니다.

예전에 제가 집에서 멀리 떨어진 주에서 설교했을 때 이런 일이 일어났던 것을 기억합니다. 그곳의 목사는 오클라호마에서 제 오래된 친구였고 그는 나를 초대하여 그의 목사관에서 집회기간 동안 지낼 수 있게 해 주었습니다.

화요일 저녁에 저는 안수에 대해서 설교하였고 예배가 끝난 후에는 사람들에게 치유와 성령 충만함을 주기 위해 손을 얹었습니다. 줄에 서 있던 어떤 여자 분에게 다가갔을 때 내 영 안에서 그녀에 대한 계시가 왔습니다. 저는 그녀를 한 번도 본적이 없었습니다. 저는 그 교회에서 한 번도 설교한 적이 없었고 그 목사님 외에는 아는 사람이 한 명도 없었습니다. 하지만 하나님은 가끔 성령님을 통해서 그 무언가를 계시해 주십니다. 제가 이 여자에게 손을 얹을 때 그녀가 성령으로 충만해 질 것이며 방언으로 말할 것이라고 하나님께서 제게 말씀하셨습니다.

하지만 제가 잠시 멈춰서 회중에게 설명을 하지 않는 이상 이 사람들이 집회를 당장 중단할 것이라는 계시도 받았습니다. 그 사람들은 이런 여자가 절대로 성령 침례를 받을 수 없다고 생각하고 있었기 때문에 저를 거짓 선지자로 선언했을 것입니다.

저는 그 순간 기도 줄에서 멈추어 서서 회중들에게 말하기 시작했습니다. "여러분, 여러분들은 놀라실 것입니다. 여러분들은 저에 대해서 잘 모르십니다. 저는 여기 온지 삼 일째 되기 때문에 아무도 저에게 이 여자에 대해서 말해주지 않았습니다. 저는 이 여자에게 손을 얹을 것이고 그녀는 제가 그녀를 만지는 순간 성령으로 충만해져서 방언으로 말하게 될 것입니다."

저는 강당 전체에서 사람들이 놀라서 헐떡거리는 소리를 들을 수 있었습니다.

저는 말했습니다. "제가 멈춰서 여러분에게 이렇게 설명하는 이유는 여러분이 이 여자가 좋은 삶을 살지 못했다는 것을 알기 때문입니다. 구체적으로 말하지는 않겠지만 여러분도 알고 있고 그녀도 알고 있습니다."

"저도 잘 압니다." 그녀가 말했습니다.

"그녀가 거듭난 이후로," 저는 계속 말했습니다. "그녀는 들락날락하였고(안에 있기보다는 나간 적이 더 많고) 오르락내리락하는 (올라간 적보다는 내려간 적이 많은) 그런 삶을 살았습니다. 그녀는 너무나 되는 대로의 삶을 살았기 때문에 아무도 그녀의 그리스도인으로서의 경험을 신뢰하지 않습니다."

저는 그녀에게 말했습니다. "자매님, 당신에게 창피를 주고 싶지 않지만 그것은 사실이지요?"

그녀는 말했습니다. "해긴 목사님, 모두 다 사실입니다."

그리고 저는 계속 했습니다. "여러분 중에 어떤 사람들은 이렇게 말할 것입니다. '우리는 성령의 침례를 수년간 구해왔는데 하나님께서 누군가에게 성령 침례를 주신다면 그것은 우리처럼 선하고 바른 사람들이 받는 게 당연하지요.'"

어떤 사람들은 자기들이 거룩하고 겸손하다고 자만합니다. 이런 사람들은 하나님으로부터 무엇을 받으려면 반드시 회개해야 합니다! 거룩한 것도 영적인 것도 괜찮지만 그것에 대해서 자만하는 것은 잘못된 것입니다. 성경은 말합니다. "교만은 패망의 선봉이요…"(잠 16:18) 그리고 우리가 가진 모든 것은 하나님께로부터 옵니다.

"여러분이 모르는 사실은 제가 안수에 대해서 설교하는 중에 이 여자 분은 주님께 이렇게 말했습니다. '주님, 저는 성령으로 충만함을 받고 싶습니다.' 그녀는 그녀의 앞좌석 위로 머리를 숙였고 저는 그녀가 그러는 것을 보지 못했지만 제 영안에 그녀가 그렇게 했다고 계시되었습니다. 그녀는 하나님께 이렇게 말했습니다. '하나님, 저의 모든 죄로부터 저를 용서해주세요. 저는 실패했습니다. 저는 너무나 나약했습니다. 저는 실패작입니다. 저를 용서하세요.' 그리고 하나님은 용서하셨습니다!"

저는 그녀를 보고 말했습니다. "자매님, 당신이 그렇게 기도하셨습니까?"

그녀는 눈물이 가득한 얼굴로 대답했습니다. "해긴 목사님, 맞습니다. 저는 그 의자 위로 제 머리를 숙이고 있었고 제 옆에 앉아있던 여자 분이 제가 그렇게 했다고 증언할 수 있습니다. 오, 하나님, 제가 잘못했습니다. 저는 실패작이었습니다. 저는 너무나 나약했습니다. 제발 저를 용서해주세요."

"이제," 저는 말했습니다. "저는 여러분에게 질문을 하고 싶습니다. 하나님이 이 자매님을 용서하는데 얼마만큼의 시간이 걸릴 것 같습니까? 그분이 이미 용서하셨다고 생각하십니까? 아니면 하나님이 향후 10년 중에 언젠가 용서하실 것이라고 생각하십니까?"

"요한일서 1장 9절에서 성경은 말합니다. '만일 우리가 우리 죄를 자백하면 저는 미쁘시고 의로우사 우리 죄를 사하시며 모든 불의에서 우리를 깨끗케 하실 것이요.' 그러면 하나님께서 이 여자를 용서하시고 깨끗케 하시는데 얼마만큼의 시간이 걸렸습니까?"

그들은 아무 말도 할 수 없었습니다.

몇몇 사람들이 "즉시, 바로 그 순간이지요."라고 말했습니다.

"알겠습니다. 그렇다면 만약에 그녀가 용서를 받았다면 하나님은 그녀를 당장 성령으로 충만하게 하실 것입니다."

저는 그녀에게 손을 얹었고 그녀는 즉각적으로 방언으로 말하기 시작하였습니다.

예배가 끝난 후 목사관에서 그 목사가 제게 말했습니다. "자네가 멈춰서 사람들에게 그 설명을 한 것이 너무 다행이었네. 자네가 그 여자를 모르는 것은 알고 있지만 우리는 이곳에 살기 때문에 자네가 만약에 아무런 설명 없이 그녀에게 손을 얹었다면 나는 아마도 그 집회를 당장 중단시켰어야 했을 것일세. 사람들은 자네가 거짓 선지자라고 확신있게 말했을 거야."

한 여자의 장애물

한 번은 텍사스의 아침 강의 예배에서 어떤 여자가 저와 그 교회의 목사님과 얘기를 나누기 위해 다가왔습니다.

그녀는 말했습니다. "저는 당신이 저를 위해 기도해 주시길 원합니다. 제가 전에는 볼 수 없던 것을 볼 수 있도록 제 눈이 열렸습니다. 저는 이제야 성령 침례와 방언이 오늘날 우리를 위한 것임을 깨달았고 저는 성령의 충만함을 받고 싶습니다. 제발 저를 위해서 기도해주십시오."

그 목사는 말했습니다. "지금보다 더 좋은 시간은 없을 것입니다."

"오, 안 돼요, 안 됩니다." 그녀가 말했습니다. "저는 오늘 아침에는 충만해질 수 없습니다."

"왜지요?" 목사님이 물었습니다.

"저는 아직 준비가 되지 않았어요. 저는 아직은 그럴 자격이 없습니다. 저는 제 자신을 더 준비해야만 해요."

그 때, 침례교 전도자였던 잔 오스틴 형제가 가까이 서 있었습니다. 그는 자기가 한 마디 해도 되겠냐고 저에게 물었습니다. 그녀는 오스틴 형제가 예전에 목회했던 침례교의 성도였습니다.

그는 그녀에게 말했습니다. "자매님, 저를 기억하십니까?"

"네, 당연히 기억하죠. 당신은 몇 년 전에 제 목사님이셨지요. 저는 당신이 성령 충만함을 받은 간증을 읽고 순복음 집회들을 다니기 시작했어요. 그리고 지금 여기 온 이후로 진리를 알게 되었고요. 저에게 완전히 계시되었어요." 그녀가 말했습니다.

"이 형제분이 말한 것처럼 지금보다 더 좋은 때는 없을 것입니다." 오스틴 형제가 말했습니다.

"네, 하지만 저는 제 자신을 더 준비해야 합니다. 저는 아직 그럴 자격이 못돼요."

오스틴 형제가 웃으면서 말했습니다. "제가 한 가지 질문을 해도 될까요? 당신은 진정으로 거듭났습니까? 당신은 예수님께서 당신의 개인적인 구원자이심을 아십니까? "

"오, 당연하지요, 오스틴 목사님. 저는 주님이 저의 개인적인 구원자이심을 압니다. 저는 거듭났습니다."

"알겠습니다. 그러면 당신은 주 예수 그리스도의 보혈이 당신을 모든 죄로부터 깨끗케 했다는 것을 믿습니까?" 그가 물었습니다.

"오, 네. 네."

"그럼 한 가지만 더 질문하겠습니다. 당신이 만약에 지금 당장 심장마비로 이곳 교회 안에서 쓰러져 죽는다면 당신은 어디로 가겠습니까?"

"당연히 저는 천국으로 가겠죠."

그가 말했습니다. "당신이 지금 당장 천국에 갈 자격이 있다면 당신에게는 당신 속에 천국을 더 가질 수 있는 자격도 있습니다! 예수님의 보혈이 당신을 깨끗케 하십니다."

(다시 말해서, 그는 이렇게 말하는 것이었습니다. "당신은 그리스도 안에서 새로운 피조물입니다. 그 사실을 알아차리고 그 사실에 대한 혜택들을 즐기십시오.")

그녀는 깨달았습니다. "네, 그렇군요. 저는 더 이상 제 자신을 준비할 필요가 없는 거죠? 보혈이 저를 깨끗케 했습니다. 예수님의 피로 저는 깨끗해졌습니다. 당신이 지금 제게 손을 얹는다면 저는 당장 충만함을 받겠습니다."

우리는 모두 손을 뻗었고 그녀를 만지기도 전에 그녀는 두 손을 번쩍 들고 방언을 말하기 시작했습니다. 하나님의 말씀의 원리를 이해하는 것이 어떻게 그녀의 믿음을 도왔는지 볼 수 있습니다. 방금 전만 해도 장애물이 있었습니다. 하지만 그녀가 말씀을 이해한 순간 믿음이 왔습니다. 그녀는 이 사실을 이해했습니다: "나는 그리스도 예수 안에서 새로운 피조물이다. 나는 거듭났다. 나는 피로 씻겨졌다. 내가 한 일이 나를 준비시킨 것이 아니다. 하나님께서 나를 위해 하신 일로 하여금 나는 준비된 것이다."

종교적 상표

주님은 저에게 또 다른 것을 가르치셨습니다. 우리는 가끔 우리가 속해 있는 종교적 집단이나 교회 집단이 우리를 종교적으로 세뇌시키도록 자신을 허락합니다. 안타깝게도 우리 모두가 그렇습니다.

신약시대에도 똑같았습니다. 교회가 세워지고 이방인들이 구원받자, 할례를 받은 몇몇 형제들은 이방인들도 할례를 받기를 원했습니다. 이방인들은 이미 구원받고 성령 침례를 받고 방언을 말하고 있었는데, 이 유대인 형제들은 "너희는 할례를 받지 않고는 구원받을 수 없다."고 말하고 있었습니다.

최근에 어떤 남자가 제게 와서 물었습니다. "당신은 예수님의 이름으로만 침례 받으셨습니까?"

"아니오." 저는 대답했습니다.

"그렇다면 당신은 구원받지 못했습니다."

저는 소리 내어 웃었습니다. "제 평생 들은 말 중에서 제일 우스운 말이군요."

제가 그에게 말했습니다. "저는 구원받고 성령으로 침례 받은 지 수년이 됐습니다. 그 누구의 이름으로든 받는 물 침례는 구원받는 것과 아무런 상관이 없습니다. 새로운 탄생은 영적인 탄생입니다. 당신이 물로 거듭나는 것이 아닙니다. 영적인 탄생은 물로 거듭나는 것이 아닙니다. 하나님의 영으로 거듭나는 것이 바로 영적인 탄생입니다."

다른 남자가 제게 와서 말했습니다. "당신이 우리 교회에 속해 있었다면 저는 당신이 구원받았다는 것을 믿을 수 있었을 것입니다."

저는 말했습니다. "그럼 구원받은 사람들은 당신들뿐이겠군요."

"맞습니다."

저는 웃었습니다. "저는 구원받은 지 수년이 됐습니다. 저는 당신들 모임에 속해 있지 않고 속해 있을 생각도 없습니다!"

당신이 빈 깡통에다가 어떤 상표를 붙인다고 해도 그 깡통은 여전히 비어있을 것입니다! 당신이 상표를 빈 깡통에 붙였다고 해서 깡통 안이 그 내용물로 채워지는 것이 아닙니다. 교회가 당신을 구원하는 것이 아닙니다. 당신 속에 있는 것, 즉 당신 속에 예수님을 가지고 있는 것만이 당신을 구원합니다!

한 번은 라디오에서 들은 설교 때문에 괴로워하는 여자 분을 우연히 만났습니다. 그녀는 말했습니다. "그 남자가 설교한 대로라면 나는 구원받은 것 같지 않아요. 그 사람과 그 사람이 속한 모임 외에는 아무도 구원받지 못했다고 하네요."

저는 하나님의 나라가 그것보다 큰 것이 너무나 기쁩니다! 하나님을 찬양합니다.

저는 그녀에게 말했습니다. "당신에게 한 가지 질문만 하겠습니다. 당신은 당신이 구원받았다고 생각하십니까?"

"네, 그렇습니다."

"그럼 잊어버리세요." 저는 말했습니다. "당신은 구원받은 것을 알고 있습니다. 그것이 중요한 것입니다. 다른 사람이 뭐라고 해도 상관없어요. 하나님의 말씀은 말합니다. '우리가 형제를 사랑함으로 사망에서 생명으로 옮겨짐을 아노라…' (요일 3:14) 저는 어떤 사람의 의견보다 성경을 저의 증거로 삼겠습니다."

새로운 탄생의 진리를 모르는 것은 당신의 믿음을 방해할 것이며 하나님께서 당신이 받도록 의도하신 축복들을 받지 못하게 할 것입니다. 하나님의 말씀대로 행하십시오. 당신의 믿음을 하나님의 말씀으로 먹이십시오. 그리고 당신의 믿음이 자라는 것을 보십시오!

제 2 장

그리스도 안에서
우리의 위치 이해하기

믿음의 선한 싸움을 싸우라 ⋯ 딤전 6:12

만약에 믿음을 위한 "싸움"이 있다면 이는 믿음에 대한 적들과 방해물들이 있다는 것입니다. 우리가 지금 다루는 중요한 내용에 대한 이해가 부족하다면 당신의 믿음은 방해 받을 수 있습니다.

그러므로 믿음은 들음에서 나며 들음은 그리스도의 말씀으로 말미암았느니라 롬 10:17

하나님의 말씀에 대한 무지는 믿음의 가장 큰 방해물입니다.

로마서 10장 17절에 나오는 대로 믿음이 하나님의 말씀을 들음으로 온다면 당연히 하나님의 말씀을 듣지 못하는 것과 하나님의 말씀에 대한 무지는 불신앙을 낳습니다.

우리는 가끔 그리스도인들이 믿음을 달라고 기도하는 것을 듣습니다. 사실 이것은 문제에 대한 올바른 대처방법이 아닙니다. 왜냐하면 믿음은 들음에서 오며 들음은 하나님의 말씀으로부터 오기 때문입니다. 믿음을 받기 위해서는 지식이 필요합니다. 바로 하나님의 말씀에 대한 지식입니다. 우리가 하나님의 말씀의 지식을 받으면 우리는 믿음을 가질 수 있습니다. 우리가 하나님의 말씀에 대한 지식을 받지 않는다면 우리는 절대로 믿음을 가질 수 없습니다. 왜냐하면 "믿음은 들음에서 오며 들음은 그리스도의 말씀으로 말미암았느니라"라고 성경이 말하기 때문입니다. 하나님의 말씀에 대한 우리의 이해가 자라면서 우리의 믿음도 자라납니다.

새로운 탄생에 대해 복습하기

우리는 이미 새로운 탄생에 대한 이해 부족이 어떻게 우리의 믿음을 방해하는지 보았습니다. 하나님의 말씀은 이것에 대해서 이렇게 말하고 있습니다.

그런즉 누구든지 그리스도 안에 있으면 새로운 피조물이라 이전 것은 지나갔으니 보라 새 것이 되었도다 고후 5:17

첫 장 "새로운 탄생 이해하기"에서 우리는 치유나 다른 축복들을 받기에는 믿음이 부족했던 사람들의 많은 예를 보았습니다. 이 사람들은 자기가 구원받기 전에 너무나 끔찍한 삶을 살아서 자기들에게는 이런 축복이 제공될 수 없다고 생각했기 때문에 축복을 받을 믿음이 부족했습니다. 하지만 하나님의 말씀은 우리가 그리스도 예수 안에서 새로운 피조물이 되었다고 가르치고 있고 이전 것은 지나갔다고 말하고 있습니다. 그러므로 죄인이 거듭나서 그리스도 안에서 새로운 피조물이 되었을 때 하나님은 그가 아무런 잘못도 하지 않은 것처럼 바라보십니다. 그러므로 죄인은 죄사함을 받습니다. 하나님께서는 이렇게 말씀하십니다.

나 곧 나는 나를 위하여 네 허물을 도말하는 자니 네 죄를 기억하지 아니하리라 blotteth out 사 43:25

하나님에게는 죄인의 과거가 사해졌을 뿐만 아니라 그의 구원받기 전의 모든 것들이 사라졌습니다. 이는 모든 것들이 지워졌다 blotted out 는 것입니다. 하나님이 보시기에 그는 새로운 피조물입니다. 믿는 자도 하나님이 보시는 것같이 그 사람을 보아야 합니다.

제가 어느 주일 예배가 끝난 후 저녁에 운전하고 돌아오는 중에 어떤 라디오 방송을 들었습니다. 연설자는 시카고 교회의 목사였고 그는 말씀을 전하며 이런 예화를 들었습니다.

이 목사는 그의 교회가 우범지역에서 사명을 감당하고 있고 매해마다 사역을 유지하기 위해 몇 천 달러씩 지출한다고 말했습니다. 성도들 중에 몇 사람은 이런 사역에 그런 돈을 써야 할 필요가 있다는 것을 이해하지 못했습니다. 이것을 알고 그 목사님은 어느 주일 저녁에 그 사역을 통해서 영광스럽게 거듭난 남자 한 명을 데리고 왔습니다.

그 목사가 데리고 온 신사는 자기가 구원받은 지 삼 년밖에 안됐다고 설명했습니다. 그는 간증에서 자기가 과거에는 교육받은 변호사였고 30살에 좋은 집을 소유하고 가장 좋은 차도 몰고 다녔다고 말했습니다. 하지만 그는 사교적으로 조금씩 술을 마시기 시작했는데, 처음에는 자신이 주량을 조절할 수 있다고 확신했지만 그는 술을 계속해서 더 마셨고 알코올중독자가 되었습니다.

결국 그는 그의 사업을 더 이상 지속할 수 없었습니다. 그의 법조인 동료들은 그를 혐오했고 그와 더 이상 관계하지 않았습니다. 그의 아내는 남편과 살 수가 없어 그의 하나뿐인 12살의 외동딸과 떠나버렸습니다. 그는 34살에 모든 것을 잃었습니다. 그는 그 후로 30년을 궁핍한 알코올중독자로 살았습니다.

그러고는 64살에 이 교회의 사역을 통해 그는 강단에 나와 구원을 받았습니다. 하나님은 알코올중독으로부터 그를 즉시 해방시키셨습니다. 그 이후로 그는 그 사역 안에서 살면서 일했고 다른 알코올중독자들을 주님께로 이끄는데 중요한 역할을 하였습니다.

그 목사는 그에게 말했습니다. "저는 당신의 삶 속에 일어났던 일들에 대해서 더 구체적으로 나누셨으면 합니다. 지난 30년간 어떻게 살아왔는지. 그 삶 속의 비참했던 때에 대해서 다양한 사람들로 구성된 회중과 나눌 수 있는 데까지 얘기해 주세요."

그는 몇 가지에 대해서 구체적으로 나눴고 사람들은 충격을 받았습니다. 그러나 그는 눈물을 흘리면서 이렇게 말했습니다. "저는 이 일들을 자랑스럽게 여겨서 나누는 것이 아닙니다. 왜냐하면 저는 이런 과거가 전혀 자랑스럽지 않기 때문입니다. 저는 그저 여러분에게 아무리 죄에 깊이 빠졌던 사람이라도 하나님께서는 그 사람을 구원할 수 있다는 것을 보여드리고 싶었을 뿐입니다."

이 이야기를 방송에서 나누면서 목사는 그 예배에 13살 짜리 소녀가 앞자리에 앉아있었다고 말했습니다. 그 소녀의 어머니와 아버지는 그리스도인들이었지만 이 소녀자신은 그리스도를 영접한 적이 없었습니다.

그 목사가 말하기를 이 67살 신사가 갑자기 간증을 멈추고 이 소녀를 손으로 가리키며 이렇게 말했습니다. "저는 이 모든 일을 후회합니다. 제가 이 소녀같이 깨끗해질 수만 있다면 세상에 있는 무엇이든 주겠습니다." 이때 그 목사는 말했습니다. "이 소녀가 거듭난 적이 없다면 당신은 이 소녀보다도 깨끗합니다."

당신은 한 번이라도 멈춰서 이것을 생각해본 적이 있습니까? 그는 진리를 말했습니다. 우리는 모든 것을 자연적인 관점에서 봅니다. 하지만 하나님은 모든 것을 영적인 관점에서 보십니다. 그리고 하나님의 눈에는 영적인 죄가 육적인 죄보다 훨씬 악합니다!

그러나 우리는 영적인 죄를 볼 수 없습니다. 우리는 사람들이 겉으로 하는 일들을 보고 말합니다. "저건 끔찍해." 그리고 그 일은 끔찍할 수 있습니다. 그러나 사람들 안에는 하나님이 보시기엔 훨씬 악한 것들이 있을 수 있습니다.

예를 들면 이렇습니다. 그리스도인으로서 우리는 마법 witchcraft을 연습하는 것은 잘못된 것이며 마귀로부터 온 것을 알고 있습니다. 우리는 악한 영들이 이런 일에 연관되어 있다는 것을 알고 있습니다. 성경은 말합니다. "이는 거역하는 것은 점치는 죄witchcraft와 같고…"(삼상 15:23) 그러나 그리스도인들도 가끔 거역합니다. 그들은 하나님의 계획과 하나님의 말씀을 거역합니다. 우리는 거역을 볼 수는 없지만 성경은 거역이 점치는 죄와 같다고 말하고 있습니다.

제가 목회할 때 우리 성도들 중 한 남자 분은 영적 역사에 위대하게 쓰임 받고 있었습니다. 다시 말해서 성령의 은사들이 그를 통해 나타났고 예배 중에 몇 가지의 놀라운 일들이 일어났습니다. 그러나 저는 그 사람 안에 그리스도를 닮지 못한 것을 보았습니다.

저는 주님께 말했습니다. "주님, 저는 이 남자의 이런 면을 다른 사람들이 얼마나 볼 수 있는지 모르겠지만 왜 그 남자대신 그 자매를 사용하시지 않으셨습니까?" (이 자매 분은 정말 연세가 많으신 소중한 성도로 수년간 교회에 있었고 모두가 그녀를 하나님의 진정한 성자로 생각했습니다.) "제가 보기에는 성령의 역사들이 그녀를 통해서 나타나야 했었습니다." 저는 계속 말했습니다. "그녀는 너무나 강건하고 구비되어지고 헌신된 그리스도인이기 때문에 사람들은 이런 성령의 역사들에 대해 더 많은 신뢰를 했을 것입니다."

주님께서 제게 말씀하셨습니다. "나는 겉모습을 보지 않는다. 너는 저 남자의 겉모습에서 잘못된 것을 보았다. 그러나 네가 모르고 있는 것이 있다. 그는 자신의 잘못을 알아차린 순간 이렇게 말했다. '오, 주님, 제가 잘못했습니다. 저는 주님을 실망시켰습니다. 저를 용서하시고 깨끗케 해 주세요.' 나는 그를 깨끗게 했고 그는 나와 함께 동행하고 있다."

"너는 이것도 모르고 있다. 저 여자는 자기의 영으로 나를 40년 넘게 거역해 왔다. 나는 그 거역을 본다. 내가 볼 때 그 거역은 어둡고 까맣게 나타나며 악하고 흉하게 보인다. 겉모습으로 그녀는 예수님이 지적했던 바리새인들과 같다. '화 있을진저 외식하는 서기관들과 바리새인들이여 회칠한 무덤 같으니 겉으로는 아름답게 보이나 그 안에는 죽은 사람의 뼈와 모든 더러운 것이 가득하도다'(마 23:27)" 그렇기 때문에 성경은 이렇게 말합니다. "비판을 받지 아니하려거든 비판하지 말라"(마 7:1) 우리 인간들은 의롭게 평가할 수 없습니다.

그 목사는 이 사실을 이해하였고 그래서 그는 속량 받은 알코올중독자에게 이렇게 말했습니다. "하나님이 보시기에는 당신이 이 구원받지 못한 어린 소녀보다 깨끗하고, 순수하고, 순결합니다." 이 목사는 또한 이 사실도 이해했습니다. "…그러므로 누구든지 그리스도 안에 있는 사람은 새로운 피조물이라 이전 것은 지나갔으니 보라, 모든 것이 새롭게 되었도다." 그것은 그리스도인에게 죄의 흔적이 없다는 것입니다. (저는 육체에 죄의 흔적이 없다고는 말하지 않았습니다. 하지만 육체는 진정한 당신이 아닙니다.)

> 내가 내 몸을 쳐 복종하게 함은 내가 남에게 전파한 후에 자신이 도리어 버림을 당할까 두려워함이로다 고전 9:27

바울은 말했습니다. "**내가 내 몸을 쳐 복종하게 함은**… I keep under my body, and bring IT into subjection…" 그는 그의 몸을 "**그것**it"이라고 부릅니다. 몸은 단지 당신이 거하는 집일 뿐입니다. 죄는 과거의 것이기 때문에 당신의 몸에는 죄의 흔적들이 남아있을 수 있지만 **당신 자신**에게는 그 어떤 죄의 흔적도 남아있지 않습니다.

하나님은 당신을 볼 때 그리스도 안에서 그 새로운 사람을 보십니다. 당신도 아시다시피 우리의 그리스도 안에 있는 모습이 그리스도 밖에 있는 모습보다 훨씬 보기 좋습니다. 비록 서로를 그리스도 안에서 보지 못한다 해도 하나님은 보실 수 있으십니다. 우리는 서로를 자연적인 관점에서 보지만 하나님은 그리스도 안에 있는 우리를 보십니다!

그리스도 안에 있는 우리의 자리 – 우리 안에 있는 그리스도의 자리

우리의 삶에서 그리스도 안에 있는 우리의 자리와 우리 안에 있는 그리스도의 자리를 이해하지 못하는 것은 우리의 성공을 방해하고 우리의 믿음을 억압합니다. 이것이 바로 그리스도인의 삶 속에 불신앙이 생기는 이유입니다.

사람들은 어떻게 성경을 공부해야 하는지 제게 자주 묻습니다. 저는 많은 제안을 할 수 있지만 제가 가는 곳마다 최고로 추천하는 한 가지가 있습니다. 믿는 자로서 그리고 그리스도인으로서 저는 당신이 주로 신약성경의 서신서들을 읽으면서 이 방법을 따르기를 권합니다. 서신서는 믿는 자인 당신을 위해 쓰여진 편지들입니다.

사복음서만 읽고서는 그 누구도 성공적인 그리스도인의 삶을 살 수 없습니다. 만약에 당신이 사복음서만 읽고 그대로 살았다면 당신은 예수님이 왜 돌아가셨는지도 몰랐을 것입니다. 당신은 알 수 있을 것이라고 생각하겠지만 (왜냐하면 당신은 서신서들을 이미 읽으셨으니까요.) 사복음서만을 읽고 당신이 사도들이 알았던 것을 알 수 있었을 것이라고 생각하십니까? 그들은 예수님과 삼 년 동안 매일 같이 살았지만 그들은 예수님이 왜 돌아가셨는지도 몰랐습니다. 그들은 예수님께 물었습니다. "그들이 모였을 때에 예수께 여쭈어 이르되 주께서 이스라엘 나라를 회복하심이 이 때니이까 하니"(행 1:6).

사도 요한이 그와 베드로가 예수님이 무덤에 계신다는 마리아의 얘기를 듣고 그곳으로 달려간 장면을 쓴 것을 기억하십니까? 베드로보다 작았던 요한이 몸이 무거운 베드로를 앞질렀습니다. 하지만 베드로보다 더 섬세하고 민감한 본성을 가졌던 그는 예수님의 무덤에 들어가지 않았습니다. (유대인들에게는 죽은 자와 그의 무덤이 매우 성스러운 것이었기 때문입니다.) 그는 무덤 밖에서 멈췄습니다. 베드로는 충동적인 사람이었기 때문에 머리를 숙이고 무덤의 입구로 바로 들어갔습니다. 그러고 나서 요한이 그를 따라 들어갔습니다.

요한이 기록합니다: "그 때에야 무덤에 먼저 갔던 그 다른 제자도 들어가 보고 믿더라 그들은 성경에 그가 죽은 자 가운데서 다시 살아나야 하리라 하신 말씀을 아직 알지 못하더라"(요 20:8-9).

제자들조차도 예수님이 왜 돌아가셨는지 몰랐습니다!

그러나 제자들이 예수님의 부활에 대해 설득되어지게 한 것은 바로 이것입니다. 요한복음 19장 39-42절에 의하면 예수님의 시체는 유대인의 풍습대로 향유로 방부처리되었습니다.

일찍이 예수께 밤에 찾아왔던 니고데모도 몰약과 침향 섞은 것을 백 리트라쯤 가지고 온지라 이에 예수의 시체를 가져다가 유대인의 장례 법대로 그 향품과 함께 세마포로 쌌더라 예수께서 십자가에 못 박히신 곳에 동산이 있고 동산 안에 아직 사람을 장사한 일이 없는 새 무덤이 있는지라 이 날은 유대인의 준비일이요 또 무덤이 가까운 고로 예수를 거기 두니라 요 19:39-42

유대인들은 430년 동안 애굽의 종살이를 하면서 시체를 방부처리하는 것을 애굽인들로부터 배웠습니다. 애굽인들은 끈적거리는 타르와 같은 물질을 몰약과 침향이 섞인 혼합물로 만들었습니다. 그런 후에 이 물질로 얇은 세마포 조각들을 문지르고 시체는 이 천조각들로 돌돌 말려졌습니다. 이것은 시체를 고치같이 감쌌습니다. 각 발가락과 손가락도 일일이 천조각으로 말려있었습니다.

마리아가 안식일이 지나고 안식 후 첫날에 예수님의 무덤에 간 이유 중 하나는 방부처리를 마치기 위한 것이었습니다. 얼굴부분은 아직 방부처리를 마치지 않았었습니다. 사람들은 예수님의 얼굴부분은 감싸지 않고, 그 위에 수건을 덮어 두었습니다.

모든 역사적 증거에 의하면 예수님은 5피트 11인치(약

180cm)였고 180파운드(약 80kg) 정도가 나가셨습니다. 그 따뜻한 나라에서 예수님은 아마도 그의 죽음 이후로 몸이 줄어들어 20파운드 정도 덜 나가셨을 것입니다. 100파운드의 몰약과 침향, 그리고 그의 몸을 싼 천조각들은 120파운드 정도 나갔을 것입니다. 그래서 시체와 몰약과 침향, 그리고 고치같이 예수님을 감싸던 천조각들의 무게는 아마도 280파운드(약 130kg) 정도 나갔을 것입니다.

예수님은 얼굴 구멍을 통해 빠져 나오셨고 그 고치를 그 자리에 놔두셨습니다. 그분의 얼굴에 덮여 있었던 수건은 옆에 던져진 것이 아니라 정돈되어 접혀있었습니다. 베드로와 요한이 이것을 보았을 때 그들은 누구도 예수님을 들고 나갔을 리가 없다고 확신했습니다. 어떻게 그분을 그런 것으로부터 꺼낼 수 있었겠습니까?

사복음서만을 읽고서 예수님이 왜 돌아가셨는지 이해할 수 없다는 것을 당신은 알 수 있습니다. 사복음서는 그분의 삶과 죽음과 무덤과 부활에 관한 것입니다. 하지만 편지들, 즉 서신서는 교회를 위해 쓰였고 그 속에 예수님께서 왜 돌아가셨는지 정확히 말해주고 있습니다. 당신은 서신서에서만 예수님께서 돌아가신 순간 그분께 무슨 일이 일어났는지, 그분이 어디로 가셨는지, 그리고 무엇을 하셨는지를 알 수 있습니다.

바울은 서신서에서 또한 이렇게 썼습니다. "형제들아 내가 너희에게 알게 하노니 내가 전한 복음은 사람의 뜻을 따라 된 것이 아니니라 이는 내가 사람에게서 받은 것도 아니요 배운 것도 아니요 오직 예수 그리스도의 계시로 말미암은 것이라"(갈 1:11-12).

또한 우리는 서신서를 통해 예수님이 부활하신 후에 예수님께 어떤 일이 있었는지 발견합니다. 마리아는 예수님을 무덤에서 만났고 예수님은 그녀에게 말했습니다. "…나를 붙들지 말라…"(요 20:17) 그러나 예수님께서 제자들에게 나타나셨을 때 (그들은 귀신을 본 줄 알고 놀라 두려워하였습니다) 예수님께서 말씀하셨습니다. "내 손과 발을 보고 나인 줄 알라 또 나를 만져 보라 영은 살과 뼈가 없으되 너희 보는 바와 같이 나는 있느니라"(눅 24:39).

예수님께서 왜 자기가 처음 본 사람인 마리아에게는 "나를 만지지 말라."고 말씀하시고 잠시 후에 제자들에게는 "나를 만져 보라. 그리하여 내가 살과 뼈를 가지고 있음을 보라."고 말씀하셨을까요?

이 질문의 해답은 서신서에서 찾을 수 있습니다. 예수님께서 마리아에게 "나를 붙들지 말라 내가 아직 아버지께로 올라가지 아니하였노라"(요 20:17)라고 말했을 때와 예수님께서 제자들에게 두 번째로 나타나시기 전에 무슨 일이 있었는지 우리는 서신서에서 볼 수 있습니다. 성경은 히브리서에 그

두 사건 사이에 예수님은 천국의 거룩한 곳에 가셨고 그의 피로 우리를 위한 영원한 속량을 이루셨다고 말하고 있습니다 (히브리서 8-10장을 보십시오). 영원히 주님을 찬양합니다!

저는 그리스도인인 당신에게 당신의 시간 대부분을 서신서에서 보내기를 권합니다. 성경의 다른 책들도 꼭 읽어야 하기 때문에 다른 책들을 읽지 말라고는 말하지 않았습니다. 구약을 공부하되 성경 공부에 할애하는 대부분의 시간을 신약에서 보내십시오. 우리는 더 이상 옛 언약 아래 살고 있지 않습니다. 우리는 새 언약 아래 살고 있습니다!

서신서를 읽으면서 빨간 펜으로 "그리스도 안에서", "그리스도로 말미암아", "그분 안에서" 라는 표현들에 줄을 치십시오. 당신은 140개 이상을 찾으실 것입니다. 그러나 그 중 몇 가지는 그리스도 안에서 당신이 가지고 있는 혜택과 축복들을 말하고 있지 않습니다. 예를 들어, "우리 주 예수 그리스도의 이름 안에서 인사합니다."라고 바울이 말하는 곳이 있습니다. 그 표현은 "그리스도 안에서"라는 표현이 있지만 당신이 그리스도 안에 있기 때문에 무엇을 가지고 있는지는 말해주고 있지 않습니다. 그러나 거의 130개나 되는 문장들이 서신서에 있고 이 문장들은 당신이 그리스도 안에서 무엇을 가지고 있는지, 그리고 "그분 안에서", "그리스도 안에서" 당신이 누구인지 말해 줍니다.

고린도후서 5장 17절이 그 예입니다. "그러므로 누구든지 그리스도 안에 있으면[이 사람이 그리스도 안에 있기 때문에 무엇을 가지고 있고 어떤 사람이 되었습니까?]새로운 피조물이라…"

이런 성경구절들을 찾아서 적으십시오. 이 성경구절들을 묵상하십시오. 이 구절들을 고백하기 시작하십시오. 다시 말해서 당신의 입으로 "**내가 그리스도 안에 있기 때문에 나는 이런 사람이고, 그리스도 안에 있기 때문에 나는 이런 존재이고, 그리스도 안에 있기 때문에 나는 이것을 가지고 있다.**"라고 말하십시오. 왜냐하면 **믿음의 고백은 실재를 창조하기 때문입니다.**

하나님이 보시기에는 그리스도 안에서 당신이 가지고 있는 모든 것과 그리스도 안에서 당신의 존재는 이미 실재가 되었습니다. 하나님께서는 이 모든 것을 당신을 위해 이미 예비해 두셨습니다. 그러나 그리스도 안에서 당신이 누구인지와 무엇을 가지고 있는지에 대한 당신의 믿음과 당신의 고백만이 **당신에게** 이 사실들을 **실재**reality로 만들어 줄 것입니다.

사람들이 제게 말합니다. "해긴 형제, 저는 성경을 읽습니다. 저는 제가 구원받은 줄로 압니다. 저는 거듭났고 성령 충만 받았고 방언을 말할 수 있습니다. 그럼에도 불구하고 저는 하나님의 말씀의 실재성을 이해하지 못하겠습니다. 저에게는 성경이 실재적으로 보이지 않습니다."

만약에 하나님의 말씀에 있는 약속과 준비된 축복들이 당신에게 실재가 되지 못한다면 그것은 당신에게 아무런 유익이 되지 못합니다. 제가 백 불짜리 지폐가 존재한다고 믿을 수는 있겠지만 그 백 불짜리 지폐를 소유하고 있지 않는 이상 그 지폐는 저에게 아무런 도움이 되지 못합니다. 제가 그 백 불짜리 지폐를 제 것으로 만들기 전까지는 그 지폐는 저를 위해 아무것도 할 수 없습니다.

하나님의 말씀에 있는 축복들과 약속들도 마찬가지입니다. 저는 이 축복들과 약속들이 존재하고 있다는 것을 알 수는 있지만 그냥 아는 것만으로 또는 그 정도의 믿음으로는 그 축복들과 약속들을 소유할 수 없습니다. 제가 하나님의 약속들을 제 것으로 만들고 그 약속들이 저를 위해 일하도록 만들 때에야 비로소 제 삶에 유익이 되는 것입니다. 어떤 사람들은 믿음을 잘못 해석하고 있습니다. 그들은 하나님의 약속들이 존재한다고 믿는 막연한 믿음으로 그 유익과 약속들을 받을 수 있다고 생각합니다. 아닙니다. 그것들이 존재한다는 것을 아는 것만으로는 당신이 개인적으로 그 축복과 유익들을 실재적으로 누리며 살 수 없습니다. 당신은 그것들이 당신을 위해 일하도록 그것들을 묵상하고, 고백하고, 그것을 당신 것으로 만들어야 합니다. 하나님은 그분이 우리를 위해 준비하신 모든 것을 우리가 알고, 누리고, 실재적으로 경험하기를 원하십니다!

그분 안에서 우리는 속량 받았습니다

염소와 송아지의 피로 하지 아니하고 오직 자기의 피로 영원한 속죄를 이루사 단번에 성소에 들어가셨느니라 히 9:12

우리는 하나님께서 예수님의 죽음과 장사됨과 부활 안에서 우리를 위해 새로운 탄생 – 구원 – 을 예비하심을 볼 수 있습니다. 그럼에도 불구하고 우리는 가끔 이렇게 말합니다. "누가 어젯밤에 구원받았대." 그러나 하나님의 관점에서 볼 때 하나님은 그 사람을 그 시점에 구원하신 것이 아닙니다. 하나님은 예수님을 죽음으로부터 부활시킨 순간 그 사람을 구원하셨습니다. 그 사람은 예수님께서 십자가에서 이미 예비하신 구원을 그 때 받아들였을 뿐입니다. 어떤 사람이 구원을 받아들일 때가 바로 예비 된 속량이 그 사람에게 실재가 되는 순간입니다.

하나님의 말씀에 동의하고 그 말씀이 실재라고 고백하는

것이 이 진리들이 우리에게 실재가 되는 성경적 방법입니다. 하나님의 말씀은 사람이 마음으로 믿고 입으로 한 고백이 하나님의 축복을 받는 방법이라고 가르칩니다(롬 10:9-10). 그래서 당신이 무엇인가를 마음으로 믿고 당신의 입으로 고백할 때 그것이 당신에게 실재가 되는 것입니다. 믿음의 고백들은 실재들을 창조합니다!

당신이 "그리스도 안에서", "그분 안에서"의 성경구절들을 읽을 때 그 진리들이 당신에게 실재처럼 보이지 않을 수도 있습니다. 성경에서 당신이 그리스도 안에서 가지고 있다고 하는 것들을 당신이 실재로 가지고 있는 것처럼 보이지 않을 수도 있습니다. 그러나 당신이 "이것은 내 것이다. 나는 이런 사람이고 나는 이것을 가지고 있다."고 고백하기 시작한다면 (당신이 마음 속에 하나님의 말씀을 믿고 있기 때문에) 이 성경구절들이 당신에게 실재가 됩니다. 하나님께서 말하는 당신의 존재와 하나님께서 당신이 가지고 있다고 말하는 모든 것은 이미 영적인 영역에서는 실재가 되었습니다. 그러나 이것이 자연적인 영역에서 실재가 되어야 당신은 그리스도 안에서 당신이 가지고 있는 것을 누리며 살 수 있습니다.

하루는 어떤 사람이 눈먼 여자분을 제가 인도하던 집회의 치유사역 줄에 세웠습니다. 우리는 나중에 그녀가 3년 동안 완전히 눈이 멀었었다는 것을 들었습니다. 그녀에게 안수하는 순간 하나님의 능력이 그녀에게 임했고 그녀는 뒤로 쓰러졌습니다. 그녀는 몇 분 동안 가만히 누워있었고 그녀가 일어났을 때 우리는 그녀가 볼 수 있는지 물을 필요도 없었습니다. 그녀의 얼굴은 네온 불빛처럼 밝았습니다. 그녀의 눈은 즉각적으로 열렸고 그녀는 볼 수 있었습니다!

어떤 사람이 말했습니다. "하나님이 어젯밤에 그 눈먼 여자의 눈을 치유하셨어요."

그렇지 않습니다. 하나님은 그녀를 실제로 그날 밤에 치유하시지 않았습니다. 하나님은 그녀의 고통과 질병을 이천 년 전에 예수님 위에 얹으셨고 예수님은 그녀를 위해 그 죄들을 지셨습니다. 그녀는 자기의 치유를 그 특정한 밤에 **받아들였**을 뿐입니다. 그러나 하나님이 보시기에는 그녀는 이미 치유를 받았던 것입니다. 그녀가 눈먼 채로 살았던 동안에도 하나님이 보시기에는 예수님이 채찍에 맞음으로 그녀는 이미 치유를 받았었습니다. 그녀의 치유는 그리스도 안에서 그녀를 위해 이미 예비되어 있었습니다.

…우리의 연약한 것을 친히 담당하시고 병을 짊어지셨도다 함을 이루려 하심이더라 마 8:17

친히 나무에 달려 그 몸으로 우리 죄를 담당하셨으니 이는
우리로 죄에 대하여 죽고 의에 대하여 살게 하심이라
그가 채찍에 맞음으로 너희는 나음을 얻었나니 벧전 2:24

이 성경구절들은 당신이 앞으로 치유**될 것**이라고, 당신이 치유 받을 수 있는 **가능성**이 있다고 말하고 있지 않습니다. 이 구절들은 "너희는 나음을 **얻었나니**"라고 말하고 있습니다.

사람들이 이 성경구절들을 마음으로 믿고 그들의 입으로 고백하게 하는 것은 그들이 치유를 받게 할 수 있는 가장 단순한 방법입니다. 다른 방법들은 통하지 않을 때 이 방법만은 통할 것입니다. 하나님은 가끔 하나님이 주신 치유 은사의 특별한 역사를 사용하실 때도 있지만 **하나님의 말씀은 항상 역사합니다!**

몇 년 전에, 어떤 여자 분이 예배 중에 기도를 받으러 실려 왔습니다. 그녀는 4년 동안 걷지 못했고 그 지역의 최고의 의사들도 그녀가 다시는 걸을 수 없을 것이라고 말했습니다.

대부분의 경우 저는 하나님의 치유의 능력을 감각적으로 느낄 수 있는 기름부음 아래 사역을 합니다. 그러나 몸이 지칠 때면 기름부음에 내어드리기가 어려워져 기름부음이 약해지거나 제가 기름부음을 그만큼 인식하지 못하게 됩니다.

제가 이 여자 분을 치유 줄에서 만났을 때가 바로 이런

경우였습니다. 사람들이 그녀를 꽤나 먼 곳으로부터 데리고 왔기 때문에 그녀를 다음 집회에 데리고 오기는 매우 어려울 것이라는 것을 알았습니다.

제가 어떻게 해야 했을까요? 하나님께 감사하게도 우리는 항상 하나님의 말씀을 가지고 있고 하나님의 말씀은 절대로 실패하지 않습니다! 그래서 저는 그녀를 강단으로 데리고 오도록 부탁했습니다. 저는 그녀 옆에 앉아 제 성경을 펼쳐 그녀의 무릎 위에 올려놓고 이렇게 말했습니다. "자매님, 이 성경구절을 크게 읽어주시겠습니까?"

그녀는 "그가 채찍에 맞음으로 너희가 나음을 얻었나니"라는 문장으로 끝나는 베드로전서 2장 24절을 크게 읽었습니다.

그리고 저는 그녀에게 물었습니다. "'얻었나니'는 과거형입니까? 미래형입니까? 아니면 현재형입니까?"

저는 그녀의 반응을 잊을 수 없습니다. 그녀는 우리 모두가 하나님의 말씀을 받아들여야 할 태도, 즉 어린아이의 열정과 단순함으로 말씀을 받아들였습니다. 그녀는 커진 두 눈으로 저를 쳐다보며 말했습니다. "'얻었나니'는 과거형이에요! 만약에 제가 이미 나음을 얻었다면 저는 이미 치유된 거네요!"

하나님께서도 그렇게 기록하셨습니다. 하나님께서는 이천 년 전에 예수님이 채찍에 맞으심으로 당신이 치유되었다고 말씀하십니다. 이것은 우리가 "그리스도 안에서" 가지고 있는 것입니다. 우리가 그분 안에 있기 때문에 치유는 우리에게 속한 것입니다!

"제가 하자는 대로 하시겠습니까?" 저는 절름발이 여자에게 물었습니다.

"할 수 있는 일이라면 그대로 하겠습니다."

"당신이 해본 일 중 가장 쉬운 것입니다. 두 손을 들고 하나님을 찬양하기 시작하십시오. '하나님의 말씀이 그렇다고 말하기 때문에 나는 치유되었다.' 라고 말하기 시작하십시오."

그녀가 아직 한 걸음도 걷지 못했는데도 불구하고 그 사랑스런 여자는 두 손을 들고 이렇게 말했습니다. "주님을 찬양합니다! 주님, 저는 제가 치유된 것이 너무 기쁩니다. 주님 저는 제가 다시 걸을 수 있다는 것이 너무 기쁩니다. (그녀는 아직 한발자국도 걷지 않았습니다.) 주님, 저의 무릎과 다리들이 치유된 것이 너무 기쁩니다. (모든 자연적 증거에 의하면 그녀의 무릎과 다리는 아직 치유되지 않았습니다.) 저는 이제 제가 제 자신을 돌볼 수 있음이 너무 기쁩니다. 저는 4년 동안 혼자서는 아무것도 할 수 없었지만, 더 이상은 그럴 필요가 없다는 것이 너무 기쁩니다. 주님, 제가 4년 동안 앉아만 있어야 했다는 것을 주님은 잘 아십니다." (그녀는 아직도 휠체어에 앉아 있었습니다.) 그러나 그녀는 이 모든 것이 과거의 일인 것처럼 말하고 있었습니다.

저는 그녀에게 말했습니다. "일어나서 걸으십시오."

즉각적으로 그녀는 두 발로 벌떡 일어났습니다!

그녀는 치유되었습니다! 누군가가 말했습니다. "해긴 목사가 어젯밤에 절름발이 여자를 치유했네." 하지만 저는 그녀를 치유한 적이 없습니다. 당신이 그녀의 치유에 아무 일도 하지 않은 것처럼 저도 그녀의 치유에서 어떤 일도 더 하지 않았습니다. 저는 그녀에게 하나님의 말씀을 가지고 왔고 그녀는 그 말씀을 믿고 그대로 고백했습니다. 그러나 하나님의 생각 안에서는 그녀는 그리스도 안에서 이미 치유되어 있었습니다!

집회 중에 다른 여자 분이 저에게 와서 물었습니다. "해긴 목사님, 저는 왜 치유를 받지 못할까요? 저는 치유가 저에게 속한 것임을 알고 있습니다. 저는 하나님께서 저를 치유하시기로 약속한 것을 알고 있습니다. 하나님께서는 왜 그분이 약속하신 것을 하지 않으시는 걸까요?"

저는 그녀의 문제가 무엇인지 볼 수 있었습니다. 그래서 그녀를 도우려고 했습니다. 저는 말했습니다. "아니요, 하나님께서는 당신을 치유하기로 **약속하시지** 않았습니다."

"하지만 해긴 목사님, 여기 베드로전서 2장 24절에 '그가 채찍에 맞음으로 너희가 나음을 얻었나니'라고 적혀 있어요. 이것은 저의 치유를 약속하고 있는 것이 아닙니까?"

"아닙니다. 그것은 당신에게 치유를 **약속한** 것이 아닙니다.

그것은 **약속**이 아닙니다. 그것은 **사실에 대한 진술**입니다. 베드로전서 2장 24절은 이미 **사실**로서 일어난 일입니다. 예수님은 당신의 고통을 가져가셨습니다. 그분은 당신의 질병을 짊어지셨습니다. '그가 채찍에 맞음으로 너희가 나음을 얻었나니.' 그것은 당신이 이미 치유되었다는 것을 말해주는 사실입니다."

"그렇습니다." 저는 말했습니다. "하나님께서는 잃어버린 자들을 구원하기로 약속하지 않으셨듯이 당신을 치유하기로 약속하지도 않으셨습니다. 하나님은 성경 어디에도 우리에게 잃어버린 자들에게 '하나님은 당신을 구원하시기로 약속하셨습니다.' 라고 말하라고 하지 않으셨습니다. 그러나 우리는 구원받지 못한 자들에게 '하나님께서는 당신의 구원을 위해 이미 무엇인가를 하셨습니다. 그분은 당신의 죄를 예수님 위에 얹으셨습니다.' 라고 말해야 합니다."

그러나 그녀는 이해하지 못했습니다. 그녀는 눈물을 흘리며 말했습니다. "저는 하나님께서 저를 치유하기로 약속하신 것을 알고 있고 앞으로도 계속 기도할 거예요."

저는 그녀를 십 년 뒤에 보았고 그녀는 아직도 치유를 소망하고 있었습니다. 그러나 절름발이였던 다른 여자 분은 그녀가 하나님의 말씀 안에서 이미 소유하고 있던 것대로 행동했었고 즉각적으로 걸을 수 있었습니다!

속량적 권리

이는 그가 사랑하시는 자 안에서 우리에게 거저 주시는 바 그의 은혜의 영광을 찬송하게 하려는 것이라 우리는 그리스도 안에서 그의 은혜의 풍성함을 따라 그의 피로 말미암아 속량 곧 죄 사함을 받았느니라 엡 1:6-7

"그리스도 안에 우리가 가지고 있는 속량…" 당신은 **누구로부터 그리고 무엇으로부터 속량 받았는지** 질문해 본 적이 있으십니까? 어떤 사람들은 "우리는 죄로부터 속량 받았다."고 말합니다. 그러나 이것은 이야기의 한 부분이긴 하지만 완전한 이야기는 아닙니다. 우리는 원수의 손으로부터 속량 받은 것입니다! 우리는 사탄의 권세로부터 속량 받았습니다. 하지만 그것만이 아니라 율법의 저주로부터도 속량 받았습니다!

그리스도께서 우리를 위하여 저주를 받은 바 되사 율법의 저주에서 우리를 속량하셨으니 기록된 바 나무에 달린 자마다 저주 아래에 있는 자라 하였음이라 갈 3:13

그리스도께서 우리를 속량하셨습니다. 무엇으로부터 속량하셨습니까? 율법의 저주로부터 속량하셨습니다. 율법의 저주는 무엇입니까? 그것을 아는 방법은 오직 한 가지 밖에 없습니다. 율법으로 돌아가 율법이 저주에 대해서 뭐라고 말하는지 보는 것입니다. 신명기 28장을 읽어보십시오. 15절부터 성경은 율법의 저주를 나열하고 있습니다. 당신은 율법이 11가지의 질병들을 율법의 저주로 구체적으로 설명하고 있음을 발견하게 될 것입니다. 61절은 모든 아픔과 질병들을 율법의 저주로 포함합니다.

> 네가 만일 네 하나님 여호와의 말씀을 순종하지 아니하여 내가 오늘 네게 명령하는 그의 모든 명령과 규례를 지켜 행하지 아니하면 이 모든 저주가 네게 임하며 네게 이를 것이니…
> 또 이 율법책에 기록하지 아니한 모든 질병과 모든 재앙을 네가 멸망하기까지 여호와께서 네게 내리실 것이니 신 28:15,61

그래서 성경은 모든 아픔과 질병이 율법의 저주라고 말하고 있습니다. 그리고 그리스도께서 우리를 율법의 저주로부터 속량하셨다고 말하고 있습니다.

> 그리스도께서 우리를 위하여 저주를 받은 바 되사 율법의 저주에서 우리를 속량하셨으니 기록된 바 나무에 달린 자마다 저주 아래에 있는 자라 하였음이라 갈 3:13

성경은 우리가 속량 **받을 것**이라고 말하지 않고, 이미 속량 **받았다**고 말하는 것에 주목하십시오. 많은 그리스도인들이 온전한 속량의 그림을 너무나도 많이 놓치고 있습니다.

성경은 베드로전서 2장 24절에서도 똑같은 것을 말하고 있습니다. 우리가 **나을 것**이라고 말하지 않고 **나음을 얻었다**고 말하고 있습니다. 성경은 "그가 채찍에 맞음으로 너희가 나음을 얻었다"고 말할 때 갈보리 산에서 그리스도의 희생을 돌아봅니다.

하나님은 예수님께 우리 모두의 죄악과 죄를 얹었을 뿐만 아니라 우리의 아픔과 질병도 예수님께 얹으셨습니다. 예수님은 우리를 위해서 그 모든 것을 짊어지셨습니다. 그러므로 성령님은 베드로가 "그가 채찍에 맞음으로 너희가 나음을 얻었나니"라고 기록하도록 감동하신 것입니다. 하나님이 보시기에 우리는 이미 나았습니다!

화목하게 하는 직분

그런즉 누구든지 그리스도 안에 있으면 새로운 피조물이라 이전 것은 지나갔으니 보라 새 것이 되었도다 모든 것이 하나님께로서 났으며 그가 그리스도로 말미암아 우리를

> 자기와 화목하게 하시고 또 우리에게 화목하게 하는 직분을 주셨으니 고후 5:17-18

하나님께서는 그리스도를 통해 우리를 자기와 화목하게 하셨습니다. **그분께서 이미 이루신 일입니다!** 그리고 그분이 **우리에게** 화목하게 하는 직분을 주셨습니다. 모든 그리스도인들이 가지고 있는 화목하게 하는 직분이 무엇입니까? 성경이 고린도후서 5장 19절에서 말해주고 있습니다.

> 곧 하나님께서 그리스도 안에 계시사 세상을 자기와 화목하게 하시며 그들의 죄를 그들에게 돌리지 아니하시고 화목하게 하는 말씀을 우리에게 부탁하셨느니라 고후 5:19

> 그리스도 안에 친히 계신 하나님께서 세상을 자기와 화목하게 하시며 세상이 그분의 호의를 받게 회복하시고 사람들의 죄를 세지 않으시고[무효화 하시고] 탓하지 않으셨도다. 우리에게 화목의 소식을 – 그분의 호의를 받게 회복하심을 – 의탁하셨도다. 고후 5:19 (확대번역)

하나님은 예수 그리스도 안에 친히 계셨고 세상을 자기와 화목케 하고 우리를 향한 그분의 호의를 회복해 주셨습니다.

그분은 우리의 죄를 세거나 사람들의 죄들을 탓하지 않으셨습니다. 그리고 그분은 지금도 그러시지 않습니다!

하나님께서 언제 사람의 죄를 무효화 하셨습니까? 죄인이 하나님께로 나와서 회개할 때 입니까? 아닙니다! 하나님은 그리스도께서 십자가에 달리셨을 때 사람의 죄들을 무효화 하셨습니다. 이 화목함은 그것을 받아들인 우리 그리스도인들에게만 속한 것이 아닙니다! 화목함은 세상에게도 속한 것입니다. 이것이 바로 하나님께서 우리가 그들에게 말하기를 원하시는 것입니다. 그것이 바로 화목하게 하는 직분입니다!

어떤 사람은 이렇게 말할 수도 있습니다. "그렇다면 우리 모두가 구원받겠네요?" 아닙니다. 사람들은 그 화목함을 붙잡아야만 구원받을 수 있습니다. 사람은 본성적으로 사탄의 자녀이기 때문에 반드시 거듭나야만 합니다. 예수님께서 바리새인들에게 말하셨습니다. "너희가 너희의 아버지인 사탄에게 속했도다…"(요 8:44) 모든 값이 이미 치러졌음에도 불구하고 사람이 지옥으로 가는 것이 얼마나 끔찍한 일입니까?

어떤 사람들은 고린도후서 5장 19절을 읽고 이렇게 말했습니다. "하나님께서 사람의 죄를 탓하지 않으시므로, 그것은 곧 모든 사람들이 구원받을 것이라는 뜻이다." 아닙니다! 어떤 사람들은 이 성경구절을 문맥으로부터 벗어나 과장되게 잘못 해석합니다.

몇 년 전에 제가 어떤 사역자가 쓰고 있던 작은 수첩을 주웠습니다. 그 사역자는 자기가 하나님으로부터 모든 사람이 구원받을 것이라는 "계시"를 받았다고 적어놓았습니다. 그것은 하나님으로부터 온 것이 아닙니다. 그것은 사탄으로부터 온 것입니다! 그는 몇 년 전에 죽은 자기 이모의 장례식에서 그녀가 지옥에 간 것이 확실하여 울었다고 했습니다. 그녀는 평생 창녀였고 술 취한 상태에서 죽었습니다. 그러나 지금, 그는 이 새로운 계시로 인해 자기 이모가 천국으로 갔다고 확신하고 있었습니다.

> 죄의 삯은 사망이요 하나님의 은사는 그리스도 예수 우리 주 안에 있는 영생이니라 롬 6:23

> 하나님이 세상을 이처럼 사랑하사 독생자를 주셨으니 이는 그를 믿는 자마다 멸망하지 않고 영생을 얻게 하려 하심이라 요 3:16

보시다시피 성경에는 사람이 구원받고 천국에 가기 위해서는 반드시 거듭나야 한다고 말하고 있습니다(요 3:3-8). 사람은 본성적으로 마귀의 자녀이기 때문에 새로운 본성을 가져야만 합니다. 합법적으로 말하자면, 하나님의 생각에는 그의 아들 예수를 통해 갈보리 산에서 **누구든지** 구원받을 수 있도록 이미 구원을 다 이루셨습니다. 그러나 사람이 십자가의 완성된 구원을 받아들이고 하나님의 아들이신 예수 그리스도를 그의 구원자로 받아들여야만 거듭나고 본성이 바뀝니다.

복음은 그리스도께서 이미 사람의 잘못에 대한 값을 치루셨고 무효화했다고 말하는데, 사람이 이것을 모르고 헤매는 것은 비극입니다. 누구든지 스스로 와서 이 구원의 선물을 값없이 받아들이기만 하면 됩니다. 죄의 값은 사망입니다. 그러나 하나님의 선물은 영생입니다! 이것이 그리스도 예수 안에서 우리에게 속한 것입니다.

하나님의 선물은 영생입니다! 사람은 단지 와서 그 선물을 받기만 하면 됩니다. 그것이 기쁜 소식입니다! 이것이 예수 안에서 우리에게 속한 것입니다.

성경적 치유

어떤 남자가 한 번은 저에게 베드로전서 2장 24절이 영적 치유에 관한 것이라고 말한 적이 있습니다. 그러나 성경은 영적 치유에 관해 말하고 있지 않습니다.

친히 나무에 달려 그 몸으로 우리 죄를 담당하셨으니 이는 우리로 죄에 대하여 죽고 의에 대하여 살게 하려 하심이라 그가 채찍에 맞음으로 너희는 나음을 얻었나니 벧전 2:24

예수께서 이르시되 딸아 네 믿음이 너를 구원하였으니 평안히 가라 네 병에서 놓여 건강할 지어다 And he [Jesus] said unto her, Daughter, thy faith hath made thee WHOLE; go in peace, and be WHOLE of thy plague 막 5:34

베드로전서에 "나음을 얻었다"로 번역된 그리스어는 '치유하다' 또는 '온전케 하다to make whole'라는 뜻입니다. 마가복음 5장 34절에 "온전케whole"라고 번역된 단어는 그리스어로 '치유하다'라는 뜻입니다. 예수님은 혈루병을 앓는 여자에게 말하고 계십니다. "딸아 네 믿음이 너를 온전케 하였으니 평안히 가라 네 병에서 놓여 온전케 될지어다." 바인즈 성경 용어 해설 사전에 의하면, 두 그리스어 단어들은 이 두 성경구절에서 '치유하다'와 '온전케 하다'라는 똑같은 의미로 쓰이고 있습니다. 이 단어들은 육체적 치유를 설명하고 있습니다.

성경 어디에도 사람의 영이 "치유되는" 것에 관한 말씀은 없습니다. 사람의 영은 "거듭납니다." 사람의 몸은 거듭나지 않고 치유를 받습니다. 치유는 질병으로 아픈 몸이 새롭게 회복되는 것renewal입니다. 사람의 영은 새롭게 회복되지 않습니다. 그의 영은 다시 태어나고 하나님으로부터 태어납니다. 그의 영은 그리스도 예수 안에서 새로운 피조물이 됩니다.

그분 안에서 우리는 축복 받았습니다

찬송하리로다 하나님 곧 우리 주 예수 그리스도의 아버지께서 그리스도 안에서 하늘에 속한 모든 신령한 복을 우리에게 주시되 엡 1:3

이것은 "그리스도 안에서" 성경구절 중 하나입니다. 하나님께서 앞으로 우리를 모든 신령한 복으로 **축복하실 것**이라고 하지 않으시고, 이미 우리를 이 모든 신령한 복으로 **축복하셨다**는 것에 주목하십시오! 당신이 그리스도 예수 안에서 거듭난 순간부터 영원 안으로 걸어 들어가는 그날까지 하나님께서는 당신이 그동안 필요할 모든 것을 당신을 위해 이미 다 예비해 놓으셨습니다. 이 위대한 진리를 이해하십시오. 하나님께서는 그리스도 안에서 당신이 필요한 모든 것으로 당신을 이미 축복하셨습니다! 하나님의 생각에서는 모든 신령한 복이 이미 당신의 것이 되었습니다.

   그리스도 예수 안에서 당신에게 속한 것이 무엇인지 알아내십시오. 그리스도 안에서 당신의 권한과 혜택들을 알아내십시오. 그러고서는 이렇게 고백하기 시작하십시오. "저것은 내 것이다. 저것이 바로 나다. 이것이 내가 그리스도 안에서 가지고 있는 것이다. 나는 그리스도 안에서 이런 사람이다. 이것들이 내가 그리스도 안에서 가지고 있는 영적 축복들이다. 나는 지금 이것들을 가지고 있다!"

제 3 장

'의' 를 이해하기

믿음의 선한 싸움을 싸우라 … 딤전 6:12

그리스도인들이 싸우도록 부름 받은 싸움은 오직 믿음의 싸움뿐입니다. 믿음의 적과 방해물이 없었다면 믿음의 싸움이 있을 필요가 없을 것입니다. 우리는 믿음의 적들을 이해해야 하고 우리의 믿음이 자랄 수 있도록 이들을 피해야 합니다.

그러므로 믿음은 들음에서 나며 들음은 그리스도의 말씀으로 말미암았느니라 롬 10:17

믿음의 가장 큰 방해물은 하나님의 말씀에 대한 이해 부족입니다. 믿음은 하나님의 말씀을 들음에서 오기 때문입니다.

사람들이 믿음을 구하는 기도를 할 때 그들에게 정말로 필요한 것은 하나님의 말씀에 대한 지식입니다. 우리는 우리가 가지고 있는 하나님의 말씀에 대한 지식 이상으로 믿음을 가질 수 없기 때문입니다. 하나님의 말씀의 빛이 사람의 마음에 비춰지면, 그 즉시 믿음이 옵니다. 그래서 시편기자는 이렇게 말했습니다. "주의 말씀을 열면 빛이 비치어 우둔한 사람들을 깨닫게 하나이다"(시 119:130).

당신이 하나님의 말씀에 대한 지식을 소유할 때 당신은 믿음을 소유하게 됩니다.

우리의 믿음의 방해물 중 하나를 살펴봅시다. 바로 하나님 앞에서 올바르게 서 있을 수 있는 것, 즉 "의"에 대한 이해 부족입니다.

> 그러므로 너희 죄를 서로 고백하며 병이 낫기를 위하여 서로 기도하라 의인의 간구는 역사하는 힘이 큼이니라 엘리야는 우리와 성정이 같은 사람이로되 그가 비가 오지 않기를 간절히 기도한즉 삼 년 육 개월 동안 땅에 비가 오지 아니하고 다시 기도하니 하늘이 비를 주고 땅이 열매를 맺었느니라
> 약 5:16-18

이 구절은 "의인"의 기도는 역사하는 힘이 크다고 말하고

있습니다. 의가 무엇인지에 대한 이해 부족과 의의 혜택들이 무엇인지 모르는 것이 **그 어떤 것보다도 그리스도인들을 속박하고 있습니다.** 저는 성경에서 의가 가장 잘못 이해되고 있는 주제들 중 하나라고 생각합니다.

> 사람이 마음으로 믿어 의에 이르고 입으로 시인하여 구원에 이르느니라 롬 10:10

> 한 사람의 범죄로 말미암아 사망이 그 한 사람을 통하여 왕 노릇 하였은즉 더욱 은혜와 의의 선물을 넘치게 받는 자들은 한 분 예수 그리스도를 통하여 생명 안에서 왕 노릇 하리로다 롬 5:17

바울은 이 구절에서 의에 대해 두 가지 의미 있는 선언을 하고 있는 것에 주목하십시오.
1. 사람이 **마음**heart으로 믿어 의에 이릅니다.
2. 우리가 예수님을 영접함으로 거듭날 때 우리는 "의의 **선물**"을 받습니다.

성경은 로마서 5장 17절에서 의가 선물이라고 말하고 있습니다. 우리는 그동안 의를 선한 일들을 행함과 연결 지어왔습니다. 성경은 선한 일을 행함을 옳은 행동이라고 당연히 말하고 있지만 우리의 모든 선한 일과 바른 행동은 우리를 의롭게 만들 수 없습니다. 만약에 선한 일을 행하는 것이 우리를 의롭게 만들 수 있었다면 우리는 예수님이 필요하지 않을 것입니다.

의에 대한 또 다른 잘못된 생각은 우리가 영적으로 어떤 "높은" 수준에 이를 때에만 우리가 의롭게 된다는 생각입니다. **우리는 "내가 의로워질 수만 있다면 내 기도가 효과가 있을 거야. 만약에 내가 어떤 영적으로 성숙한 수준에 이른다면 나는 의로워지겠지."**라고 생각해왔습니다.

하나님께 감사하게도 우리는 주 안에서 자라날 수 있고 영적으로 성장할 수 있습니다. 그렇지만 당신이 의 안에서는 자라날 수 없다는 것을 아십니까? 당신은 몇 가지 안에서 자라날 수 있습니다. 예를 들면, 당신은 사랑, 친절, 온유함과 오래 참음과 같은 영의 열매들 안에서 자라날 수 있습니다. 그러나 의는 선물입니다. 당신은 지금 당신의 의보다 더 의로워 질 수 없습니다! 당신이 천국으로 갈 때 지금보다, 즉 바로 이 순간보다 더 의로워 질 수 없습니다!

의에 대한 잘못된 이해는 저의 믿음을 방해하고 있는 것들 중 하나였습니다. 우리는 모두 똑같은 인간이기 때문에 저를 방해하는 것은 당신도 방해할 수 있습니다. 이것이 의, 즉 내가 하나님 앞에서 바르게 서 있을 수 있다는 것에 대한 이해 부족이 나에게 육체적 생명으로 대가를 치르게 할 수도 있었습니다. 이것 때문에 저는 너무 이른 죽음을 맞을 뻔했습니다. 의에 대한 온전한 이해가 얼마나 중요한지 알 수 있습니다.

50년 전에 다섯 명의 의사들이 저를 살리기를 포기한 이후로 저는 병상 위에서 성경을 읽기 시작했습니다. 저를 위한 도움이 있다면 이는 반드시 하나님의 말씀 속에 있을 것이라고 확신하였습니다. 제 영은 저에게 제가 죽을 필요가 없다고 계속해서 말했습니다. (당신의 영은 당신의 머리가 모르는 것을 알 수 있습니다. 특별히 당신의 영이 하나님으로부터 거듭났다면 말입니다.) 저의 심령은 – 제 속에 있던 무언가가 – 저에게 저를 위한 희망과 도움이 하나님의 말씀 안에 있다고 말했습니다. 그래서 저는 열린 마음으로 말씀 속에 들어가 믿음과 기도에 관한 것들을 보기 시작했습니다.

저는 마가복음 11장을 보고 있었고 이 위대한 믿음의 선언들을 읽고 있었습니다.

> …**누구든지** 이 산더러 들리어 바다에 던져지라 **하며** say 그 **말하는** 것이 이루어질 줄 믿고 마음에 의심하지 아니하면 그대로 되리라 그러므로 내가 너희에게 말하노니 무엇이든지 기도하고 구하는 것은 받은 줄로 믿으라 그리하면 너희에게 그대로 되리라 막 11:23-24

제 영은 제 안에서 기뻐 뛰었습니다! 저는 너무나 기쁘고 흥분되었습니다. 저의 육체적 상태로는 신약성경 전체를 읽기가 어려웠기 때문에 저는 믿음과 기도에 관한 관주를 보기로 결정했습니다. 저는 야고보서 5장으로 가게 되었습니다.

너희 중에 병든 자가 있느냐 그는 교회의 장로들을 청할 것이요 그들은 주의 이름으로 기름을 바르며 그를 위하여 기도할지니라 믿음의 기도는 병든 자를 구원하리니 주께서 그를 일으키시리라 혹시 죄를 범하였을지라도 사하심을 받으리라 그러므로 너희 죄를 서로 고백하며 병이 낫기를 위하여 서로 기도하라 의인의 간구는 역사하는 힘이 큼이니라 약 5:14-16

제가 첫 번째로 주목한 것은 야고보가 하는 질문이었습니다. "너희 중에 병든 자가 있느냐?"(14절) 질문을 함으로써 야고보는 그 중에 아픈 사람이 **한 명도 없을 수도 있다는** 것을 암시합니다. 그리고 그 교회가 베드로전서 2장 24절을 알고 그 말씀의 빛 가운데 행하고 있었다면 교회 안에서 아픈 사람이 한 명도 없었을 것입니다! 우리는 "그가 채찍에 맞음으로 너희가 나음을 얻었나니"라는 말씀을 포함하여 삶의 어떤 영역에서든지 하나님의 말씀을 행하는 사람들이었을 것이고, 신성한 건강 안에서 걷고 있었을 것입니다.

그러고 나서 저는 다음 구절에 교회의 장로들을 청하라는 부분을 읽었습니다. 그때 저는 사람이 반드시 장로들을 불러 자기를 위해 기도하게 해야만 치유 받을 수 있다고 생각했습니다. (사실 당신은 꼭 그렇게 해야 할 필요가 없지만 그러고 싶다면 그렇게 해도 됩니다.) 저의 눈은 눈물로 채워졌습니다. 저를 위해 기도해 줄 사람이 한 명도 없었기 때문에 저는 울기 시작했습니다.

그러나 우리의 선생님이신 성령님은 제게 주목할 것을 가르쳐주셨습니다. 그것은 정말 실재였고 마치 어떤 사람이 제 영 안에서 저에게 말하고 있는 것 같았습니다.

성령님께서 말씀하셨습니다. "그 성경구절이 '**믿음의 기도**는 병든 자를 구원하리니'라고 말하고 있는 것을 보았느냐?"

저는 다시 그 부분을 보고 말했습니다. "네, 성경이 그렇게 말하고 있네요."

그리고 제 안의 목소리가 말했습니다. "누구든지, 그리고 너도 그 기도를 할 수 있단다."

저는 그것을 보기 시작했습니다! 저는 그것을 믿기 시작했습니다!

의인의 기도

그러나 그 부분을 계속해서 읽을 때 저는 같은 구절에서 "의인의 간구는 역사하는 힘이 큼이니라"라는 부분을 보았고 사탄은 저의 하나님의 말씀에 대한 무지를 이용해 저를 패배시키려고 하였습니다. 그는 제가 의와 의가 믿는 자에게 주는 혜택들에 관해서 모르고 있었기 때문에 이 부분에 있어서는 저를 패배시킬 수 있다는 것을 알고 있었습니다.

사탄은 저의 생각에 대고 말했습니다. "그래, 너는 믿음의 기도를 할 수 있지. 네가 만약 의롭다면 말이야. 하지만 성경은 바로 여기에 '**의인의 간구는 역사하는 힘이 큼이니라**' 라고 말하고 있어. 만약에 네가 의롭다면 너는 믿음의 기도를 하고 너의 치유를 받을 수 있었겠지. 하지만 너는 의롭지 않아."

사탄이 성경이 말하는 것과 반대로 "너는 믿음의 기도를 할 수 없어."라고 말하지 않았음에 주목하십시오. 그는 제가 믿음의 기도의 부분에 있어서는 저의 권리를 알아차리고 있었다는 것을 알고 있었습니다. 그래서 그는 더 미묘한 전략으로 저의 모든 실수들과 잘못과 실패들을 상기시켰고 제가 의롭지 않다고 말했습니다. 그는 제가 의를 제대로 이해하고 있지 못하고 있다는 것을 알고 있었습니다. 저는 의는 영적으로 충분히 성장하면 언젠가는 이를 수 있는 어떤 영적 수준이라고 생각했습니다. 하지만 저는 아직 그 수준에 이르지 못했다는 것을 알고 있었습니다.

그 다음에 사탄은 제게 노골적으로 물었습니다. "네가 의로워?" 저는 "아니야, 나는 의롭지 않아."라고 말했습니다. 저는 자연적인 관점에서 제 자신을 보았고, 제가 생각하는 의와는 제 자신이 거리가 멀다는 것을 알고 있었습니다.

제가 하나님 앞에서 바르게 설 수 있다는 것을 이해하지 못했기 때문에, 그리고 사탄의 말을 받아들였기 때문에 저는 하나님께서 저를 위해 의도하신 축복들을 사탄이 훔쳐가도록 허락하였습니다.

저는 제 자신을 설득하였습니다. **"내가 만약 영적으로 성장할 수 있을 때까지만 살 수 있다면 나는 의롭게 될 수 있을 거야. 그러면 나는 기도에 관한 한 도사가 돼 있겠지."** 그러나 저는 아직 제가 의롭지 않다고 알고 있었습니다.

이 모든 것이 몇 달 사이에 일어났습니다. 하루는 야고보서를 읽고 있었습니다. "엘리야는 우리와 성정(본성)이 같은 사람이로되…"(약 5:17) 저는 되돌아가 엘리야에 대해서 알아보기로 했습니다. 그는 우리에게 의로운 사람의 본보기로 성경에 주어졌습니다. 그가 만약에 의로운 사람의 본보기로 기도를 하고 그 효과를 보고 있었다면, 저는 그를 따를 수 있고 효과를 얻을 것이라고 생각했습니다.

그래서 저는 엘리야에 대해서 읽기 시작했고 그에 대해서 읽으면 읽을수록 엘리야는 제 자신을 떠오르게 했습니다. 그리고 저는 야고보가 이렇게 말하고 있음을 기억했습니다. "엘리야는 우리와 성정이 같은 **사람**이로되…" 야고보는 엘리야를 자기 자신과 그의 글을 읽고 있을 다른 그리스도인들과 비유하고 있었습니다. 엘리야는 우리가 영향을 받는 요소들과 똑같은 것들로부터 영향을 받는 평범한 사람이었기 때문에 그는 어떤 위대한 영적 수준의 "성자"로서 성숙해진 것이 아니었습니다.

사탄은 또 다시 내게 말했습니다. "그래, 엘리야는 의로웠지만 너는 그렇지 않아. 그러니 너의 기도는 응답 받을 수 없어. 오늘 아침에 네가 화가 나서 쟁반을 너의 침대에서 내던진 것을 기억하지? **의로운** 사람은 그렇게 행동하지 않아!"

그런 후 저는 우리와 성정이 같은 사람인 엘리야로 돌아갔습니다. 그는 **위대한** 순간들을 맛보았습니다. 그는 그의 기도로 하늘을 닫아 3년 6개월 동안 비가 내리지 않게 하였습니다(왕상 17:1). 그는 바알의 선지자들과 대결하여 비가 오지 않게 기도하였고 하나님의 성령이 그에게 내려왔을 때 엘리야는 왕의 마차를 14마일 앞질러 이스라엘의 들판을 달렸습니다(왕상 18:19-46).

그러나 누군가가 엘리야에게 말했습니다. "이세벨이 내일이 시간이 되면 네 머리는 잘라 떨어져 있을 것이라고 말했다."(엘리야는 그 전에 450명의 바알의 예언자들의 머리를 베었고 이제 이세벨이 그의 머리를 가지려고 하였습니다.)

그래서 엘리야는 다시 달리기 시작했습니다. 그가 이스라엘의 벌판을 14마일을 달렸을 때 주님의 손이 엘리야 위에 있었습니다. 그러나 이번에 그가 달리기 시작했을 때는 주님의 손이 그의 위에 있지 않았습니다. 엘리야 스스로 뛰고 있었고 그는 그의 몸이 지칠 때까지 달렸습니다. 그리고는 로뎀나무 아래에서 "주님, 제가 그냥 죽게 해 주십시오."(왕상 19:1-4)라고 말했습니다.

엘리야는 진짜로 죽고 싶었던 것이 아닙니다. 만약에 그가 정말로 죽길 원했다면 왜 그가 처음에 있던 곳에 머무르지 않았겠습니까? 이세벨이 그의 소원을 해결해 주었을 텐데요. 아닙니다. 당신이 "차라리 죽는 게 낫겠어."라고 말할 때 당신이 진짜로 죽기를 원하지 않는 것처럼, 엘리야도 정말로 죽고 싶은 마음은 없었습니다. 엘리야는 우리와 같은 성정(본성)을 가진 사람이기 때문이었습니다.

성경을 지속해서 읽으면 읽을수록 저는 성경이 왜 엘리야가 우리와 똑같은 것들로부터 영향을 받는 사람이라고 말하는지를 알 수 있었습니다. 그는 때로 이중적인 말을 하였고 잘못된 생각들을 가지고 있었습니다. **'엘리야는 내가 생각하**

고 있던 의로운 사람이 아니네.'라고 저는 제 자신에게 말했습니다. **'도대체 어떻게 하나님께서 엘리야를 의롭다고 하실 수 있지?'** 저는 궁금했습니다. (하지만 그곳이 바로 우리가 하나님의 말씀 대신 우리의 생각을 우선시 하는 것, 즉 우리가 문제를 만나는 지점입니다. 저는 그냥 제 생각들을 잊고 하나님의 말씀과 일치하는 줄에 서 있겠습니다!)

엘리야는 계속해서 이렇게 말했습니다. "주님, 그냥 제가 죽도록 내버려 두세요. 어차피 이제 저 혼자 남았습니다. 저 빼고 모든 사람들이 타락하였습니다!"(왕상 19:4, 10, 14)

(당신은 오늘날에도 여러분이 이런 사람들과 마주친다는 것을 아십니까? "저만 무언가를 가지고 있습니다. 단지 저와 저의 소수 모임에만 무언가가 있습니다." 그것이 진리가 아니라는 것이 저는 너무 기쁩니다. 당신도 그렇지 않습니까?)

우리는 모두 자신만의 잘못된 생각들을 가지고 있지만 그럼에도 불구하고 만약에 우리가 거듭났다면 우리는 하나님이 보시기에 의로우므로 우리의 기도에 대한 응답을 받을 수 있습니다.

"네" 엘리야는 대답했습니다. "이제 저 하나밖에 남지 않았습니다. 저를 제외한 모두가 바알에게 무릎 꿇고 절했습니다."

하나님은 그를 지적하고 이렇게 말해야 했습니다. "아니야,

나는 바알에게 무릎 꿇고 절하지 않은 7,000명을 남겨두었다"(왕상 19:18).

그런 태도를 가진 엘리야를 어떻게 하나님께서 의롭다고 말하실 수 있었을까요? 어떻게 야고보가 성령의 감동으로 이 사람을 의인의 기도에 대한 **예**로 들 수 있었을까요? 저는 이것을 곰곰이 생각해 보았고 그것을 확인하기 위해 말씀을 공부하기 시작했습니다.

저는 구약에서 구약 성도들의 죄를 **덮기** 위하여 죄 없는 동물의 피가 흘려져야 하는 제도를 하나님께서 만들어 놓으신 것을 발견하였습니다. 그래서 하나님은 그들의 죄를 탓하지 않으시고 그들을 의로운 존재로 간주하셨습니다.

> 허물의 사함을 받고 자신의 죄가 가려진 자는 복이 있도다 마음에 간사함이 없고 여호와께 정죄를 당하지 아니하는 자는 복이 있도다 시편 32:1, 2

그리고 신약에서는 우리가 **더 좋은** 약속 위에 **더 좋은** 언약이 성취되었다고 성경이 말하고 있는 것을 보았습니다. 그리스도인들 사이에서 "우리의 죄가 가려졌다."는 말을 들어본 적이 있을 것입니다. 그러나 실제로 우리의 죄는 **가려진** 것이 아닙니다. 신약은 우리의 모든 죄가 **깨끗이 씻겨졌다**고 선포합니다. 우리 주 예수 그리스도의 피를 통해서 우리의 죄가 깨끗이 씻겨졌습니다! 할렐루야!

> 그런즉 누구든지 **그리스도 안에** 있으면 새로운 피조물이라 이전 것은 지나갔으니 보라 새 것이 되었도다 고후 5:17

> 하나님이 죄를 알지도 못하신 이를 우리를 대신하여 죄로 삼으신 것[하나님께서 예수님을 죄가 되게 만드신 것]은 우리로 하여금 그 **안에서** 하나님의 의가 되게 하려 하심이라 고후 5:21

이 성경구절에서 "그리스도 안에"와 "그 안에서"라는 문구들을 알아차리셨습니까? **그리스도 안에서** 우리는 **새로운 피조물**이 됩니다(17절). 우리가 거듭날 때 **그 안에서** 우리는 하나님의 의가 됩니다(21절). 할렐루야!

당신이 거듭날 때, 즉 당신이 예수 그리스도를 당신의 구원자로 영접하고 새로운 사람이 되었을 때 당신은 그리스도 예수 안에서 새로운 피조물이 된 것입니다(고후 5:17). 당신도 제가 아는 것과 같이 하나님께서 "불의한" 새로운 피조물을 만드시지 않는다는 것을 알고 있습니다. 그것은 하나님의 작품에 대한 모욕일 것입니다!

로마서 10장 10절에서 말합니다. "사람이 마음으로 믿어 의에 이르느니라…" 사람이 어떻게 의로워집니까? 그는 믿음으로 의에 이릅니다. 우리의 의가 되신 예수 그리스도를 믿기 때문입니다!

의 – 선물

로마서 5장 17절은 우리가 은혜를 풍성하게 받았고 "의의 선물"을 받았다고 말하고 있습니다. 의는 선물인 것입니다! 당신이 거듭났을 때 당신은 그리스도 예수 안에서 새로운 사람이 되었고 당신은 그리스도 안에서 하나님의 의가 되었습니다(고후 5:17, 21).

제가 의라는 주제를 몇 년 전에 펜실베니아에 있는 순복음 교회에서 가르친 적이 있습니다. 그 교회의 목사는 자기 주일학교의 부장 집사님처럼 영적인 사람을 자기의 회중들 중에서 본적이 없다고 제게 말했습니다.

그 부장 집사님은 저녁에 일을 했기 때문에 그는 내가 인도했던 오전 예배에 참석했습니다. 그는 매일 아침 맨 앞줄에 앉아서 필기를 했습니다. 저는 그 목사님이 말해준 것을 통해 모두가 이 사람이 교회에서 제일 헌신되고 영적인 그리스도인으로 여기고 있다는 것을 알고 있었습니다.

어느 날 아침 저는 대부분의 사람들이 의가 무엇인지 모른다는 것을 설명하고 싶었습니다. 저는 갑자기 멈춰서 그 부장집사에게 말했습니다. "당신은 의롭습니까?"

그는 말했습니다. "그렇게 되려고 노력하고 있습니다."

"자, 저는 지금 무례하게 행동하려고 하는 것이 아닙니다." 저는 그에게 말했습니다. "당신은 남자입니까 아니면 여자입니까?"

"저는 남자입니다." 그가 말했습니다.

"당신은 어떻게 남자가 되었죠?" 저는 물었습니다.

그는 답했습니다. "남자로 태어났어요."

저는 말했습니다. "그것과 똑같은 방법으로 당신이 의로워진 것입니다!"

하나님을 찬양합니다! **당신이 거듭날 때 당신은 의롭게 태어납니다!** 그리스도 안에서의 새로운 탄생으로 인하여 당신은 하나님의 의가 되었습니다. 그렇기 때문에 누구든지 그리스도 안에 있으면 그는 **새로운 피조물**이라고 성경은 말하고 있습니다(고후 5:17). 그래서 성경은 새로운 피조물이 되는 것을 새로 태어난 갓난아기에 비유합니다. "갓난아기들 같이 순전하고 신령한 젖을 사모하라 이는 그로 말미암아 너희로 구원에 이르도록 자라게 하려 함이라"(벧전 2:2).

성경은 영적인 성장과 육적인 성장에는 공통점이 있다고

가르치고 있습니다. 그리스도인들은 갓난아기로 태어나고 성장합니다. 그리고 하나님의 나라 안에서는 새로 거듭난 사람들이나 거듭나서 하나님을 위해서 산지 50년 또는 60년이 되고 선한 일을 풍성히 하고 올바르게 사는 더 성숙한 성도들이나 하나님이 보시기에는 똑같이 의롭습니다. 새로 태어난 영적 아기들은 더 성숙한 성도들과 마찬가지로 기도 응답을 즉각적으로 받을 수 있습니다. 왜냐하면 **의는 하나님 앞에서 올바르게 설 수 있는 상태를 뜻하기 때문입니다!** 우리가 한 일 때문이 아니라 **예수님**께서 하신 일 때문에 우리가 하나님 앞에서 올바르게 설 수 있다는 것을 깨달아야 합니다. 하나님 앞에서 올바르게 설 수 있는 것은 선물입니다! 우리는 그리스도 예수 안에서 의의 선물을 받았습니다. 그 선물을 받으십시오!

당신이 천국에 갈 때 당신은 지금보다 더 하나님 앞에서 올바르게 서 있을 수 없습니다. 할렐루야! 어떤 사람들은 이 사실을 받아들이기를 어려워합니다. 그러나 그들이 성경이 말하는 것을 믿는다면 받아들여야만 합니다. 가끔 우리는 "종교적인" 가르침을 신약성경의 가르침과 혼동할 때가 있습니다.

고린도후서 5장 21절을 다시 한 번 읽어보겠습니다. "하나님이 죄를 알지도 못하신 이를 우리를 대신하여 죄로 삼으신 것은…" 저는 이 구절의 이 부분이 진리임을 믿습니다. 당신도 그렇게 믿으시지요?

저는 이 구절의 앞부분을 예배 때 읽고 사람들에게 물었습니다. "여러분 중에 몇 명이 이 구절의 앞부분이 사실인 것을 믿습니까?" 모든 사람들이 손을 들었습니다.

그리고 저는 똑같은 구절의 마지막 부분을 읽었습니다. "…우리로 하여금 그 안에서 하나님의 의가 되게 하려 하심이라." 저는 그들에게 말했습니다. "우리는 그리스도 안에서 하나님의 의가 되었습니다. 여러분 중에 몇 명이 이것이 사실임을 믿습니까?"

대부분의 경우, 절반 정도만이 그들의 손을 들었습니다! 그러나 만약에 그 구절의 앞부분이 사실이라면, 나머지 반도 반드시 사실이어야만 합니다. 하나님께서는 우리에게 속한 의를 예비해 놓으셨습니다! 우리는 의가 우리 것이라는 것을 깨닫고 그 빛 안에서 걷기 시작해야 합니다!

이제는 율법 외에 하나님의 한 의[그리스도 안에서 우리가 하나님의 의가 되었다는 것을 기억하십시오.]가 나타났으니 율법과 선지자들에게 증거를 받은 것이라 곧 예수 그리스도를 믿음으로 말미암아 **모든 믿는 자에게** 미치는 하나님의 의니 차별이 없느니라 [이것을 읽을 때 제 안에 무언가가 춤추기 시작합니다!] 모든 사람이 죄를 범하였으매 하나님의 영광에 이르지 못하더니 그리스도 예수 안에 있는 속량으로 말미암아 하나님의 은혜로 값없이 의롭다 하심을 얻은 자 되었느니라 이 예수를 하나님이 그의 피로써 믿음으로 말미암는 화목제물(속죄제물)로 세우셨으니 이는 하나님께서 길이 참으시는 중에 전에 지은 죄를 간과하심으로 자기의 의로우심을 나타내려 하심이니 곧 이 때에 자기의 의로우심을 나타내사 자기도 의로우시며 또한 예수 믿는 자를 의롭다 하려 하심이라 롬 3:21-26

"의로운righteous"이라는 그리스어는 "올바른just"이라고 번역될 수도 있습니다. 확대번역 성경은 하나님께서 "예수 안에서 [진정한]믿음을 가진 자는 그가 의롭게 만드시고 justifies 의롭게 받아들이신다…justifies and accepts as righteous him who has [true] faith in Jesus"(26절)고 말합니다.

한 사람의 범죄로 말미암아 [태초에 아담이 지은 죄를 말합니다.] 사망이 그 한 사람을 통하여 왕 노릇 하였은즉 [아담의 죄 때문에 사탄은 육체적 죽음이 아닌 영적 죽음으로 이 땅을 다스렸습니다.] 더욱 은혜와 의의 선물을 넘치게 받는 자들은 한 분 예수 그리스도를 통하여 생명 안에서 왕 노릇 하리로다 그런즉 한 범죄로 많은 사람이 정죄에 이른 것 같이 한 의로운 행위로 말미암아 [이것은 예수님과 그의 의로움을 말합니다.] 많은 사람이 의롭다 하심을 받아 생명에 이르렀느니라the free gift came upon all men unto justification of life [또는 "의롭다righteousness 하심을 받아 생명에 이르렀느니라." 그리스어로 justification과 righteousness는 같은 말이기 때문입니다.] 한 사람이 순종하지 아니함으로 많은 사람이 죄인 된 것 같이 한 사람이 순종하심으로 많은 사람이 의인이 되리라 율법이 들어온 것은 범죄를 더하게 하려 함이라 그러나 죄가 더한 곳에 은혜가 더욱 넘쳤나니 이는 죄가 사망 안에서 왕 노릇 한 것 같이 은혜도 또한 의로 말미암아 왕 노릇 하여 우리 주 예수 그리스도로 말미암아 영생에 이르게 하려 함이라 롬 5:17-21

17절로 돌아가면 우리가 풍성한 은혜를 받았고 의의 선물을 받았음을 알 수 있습니다. 그러므로 의는 선물입니다. 의는 하나님 앞에서 올바르게 서 있을 수 있는 것입니다!

의의 유익들 : 생명 안에서 다스리다

의가 믿는 자에게 주는 유익들은 무엇일까요? 17절은 의의 유익들 중 하나를 우리에게 말해줍니다: "…더욱 은혜와 의의 선물을 넘치게 받은 자들은 한 분 예수 그리스도를 통하여 **생명 안에서 왕 노릇 하리로다.**" 우리는 생명 안에서 왕 노릇 할 것입니다. 이는 우리가 지금의 삶 속에서 이 땅에서 다스리는 것을 뜻합니다!

우리의 문제들 중 하나는 모든 것을 미래에 맡기기 원하고 현재 그리스도 안에서 가지고 있는 혜택들을 누리지 않는 것입니다. 이런 태도는 우리가 부르는 노래들에도 나타납니다. "우리 모두가 천국에 도착할 때에"와 같은 노래들 말입니다. 물론, 하나님께 감사하게도 우리는 천국에 갈 것이고 그곳은 너무나 좋은 곳이지만, 그렇다고 그곳에 도착할 때까지 그리스도 안에서 우리가 가지고 있는 권리와 혜택들을 누리지 못하고 기다릴 필요는 없습니다! 하나님을 찬양합니다. 우리는 이것들을 **지금** 즐기고 누릴 수 있습니다. 그리고 하나님께 감사하게도 우리는 영원토록 그리스도와 함께 왕 노릇 할 것이지만, 그렇다고 그때까지 왕 노릇 하기를 기다릴 필요도 없습니다.

확대번역 성경은 우리가 "한 분, 메시아이시며 기름부음 받은 예수 그리스도를 통하여 생명 안에서 왕 노릇 하리로다"(17절)라고 말합니다. 우리가 **어디서** 왕 노릇 할 것입니까? **생명 안에서** 왕 노릇 합니다. 이것은 당신이 지금 현재 살고 있는 삶을 말합니다! 어떻게요? 바로 예수 그리스도를 통해서 입니다!

바울이 이 비유를 사용한 것은 그 시대에 왕들이 있었기 때문입니다. 오늘날에는 왕들이 많이 남아있지 않지만 그나마 남아있는 왕들도 많은 권위와 힘을 가지고 있지는 않습니다. 그러나 그 시대에는 많은 나라들이 왕들을 섬겼고 왕의 말이 그의 영역 안에서는 최종적인 권위였습니다.

우리는 이 진리를 이해해야 합니다. 하나님의 말씀이 말하기를 우리는 그리스도 예수를 통하여 생명 안에서 왕 노릇 할 것입니다! 이 말은 **지금 살고 있는 삶 속에서** 우리가 권위를 가지고 있다는 것을 뜻합니다! 어떻게 우리가 왕 노릇 할 수 있습니까? 그리스도 안에서 우리는 하나님의 의가 되었기 때문입니다. 의로우신 예수께서 우리의 의가 되셨습니다. 예수님 때문에 우리는 하나님 앞에서 올바르게 서 있을 수 있습니다. 우리와 하나님의 관계는 확고하고 안전합니다.

우리는 하나님의 임재 앞에서 한 번도 잘못을 저지른 적이 없는 것처럼 서 있을 수 있습니다.

우리는 하나님의 임재 앞에서 한 번도 죄를 지은 적이 없는 것처럼 서있을 수 있습니다.

우리는 하나님의 임재 앞에서 죄책감과 열등감 없이 서 있을 수 있습니다.

히브리서에서 이렇게 말하는 것은 당연합니다. "그러므로 우리는 긍휼하심을 받고 때를 따라 돕는 은혜를 얻기 위하여 은혜의 보좌 앞에 담대히 나아갈 것이니라"(히 4:16). 예수님께서 우리를 위해 이루신 일로 인하여 우리는 하나님의 보좌 앞에 담대하게 나올 수 있습니다!

사탄을 다스릴 권세

이 삶 속에서 사탄은 온 사방에서 우리에게 대항할 것입니다. 고린도후서 4장 4절에서 성경은 사탄이 이 세상의 신이라고 말합니다. 그러나 우리는 사탄의 임재 앞에 두려움 없이 서 있을 수 있습니다. 그는 우리를 정죄할 수 없습니다. 진리를 알 때, 당신은 사탄 앞에서 권세를 가지고 서 있을 수 있습니다. 당신이 **예수 안에** 서 있다는 것을 알기 때문에 그 권세는 당신에게 사탄을, 악한 영들을, 그리고 질병들을 지배할 능력을 줍니다. 할렐루야! 사탄도 그것을 알고 있습니다.

제가 이것을 보기 시작한 순간, 저는 사탄이 저의 무지와 의에 대한 이해 부족으로 인해 나를 패배시키고 있었다는 것을 깨달았습니다. 저는 이렇게 말하기 시작했습니다. "나는 그리스도 안에서 하나님의 의가 되었다. 야고보가 '의인의 간구는 역사하는 힘이 크니라' 라고 말한 그 의인이 바로 나다"(약 5:16).

그 전에 나는 이렇게 말했습니다. "만약에 내가 의로워진다면 나는 기도에 관해서는 '도사'가 될 꺼야." 그래서 저는 제 성경의 이 구절 옆에다가 "나는 기도에는 도사다!"라고 썼습니다.

이 사실을 알고 누린다면 당신도 그럴 수 있습니다! 가끔 사람들은 영적인 일들은 자동적으로 일어난다고 생각합니다. 그러나 자연적인 영역에서처럼, 무엇인가가 영적으로는 당신의 소유일 수 있지만 당신이 그 사실을 모른다면 그것은 당신에게 아무런 유익이 되지 못합니다. **지식에 근거하여 행동하는 것**이 결과를 가져옵니다. **이미 당신의 소유가 된 것**에 근거하여 행동할 때 결과가 따르는 것입니다.

어떤 사람이 불이 꺼진 방에 들어와서 어둠 속에서 헤매다가 의자를 겨우 찾아서 앉은 다음 "왜 이방에는 불이 없는 거야?"라고 불평한다면 얼마나 어리석습니까? 가끔 사람들은 영적인 것들에 관해서 이렇게 어리석습니다. 그들은 그들이 이미 소유한 것들에 근거하여 행동하는데 실패했기 때문에 하나님의 축복 없이 나가고서는 이렇게 불평합니다. "만약에 하나님께서 나를 축복하기로 약속하셨다면 왜 아직 축복을 안 하시는 거야?" 하나님의 축복을 받는 데 있어서 우리의 역할이 있다는 것을 반드시 기억해야 합니다!

누군가 그가 알고 있는 것에 근거하여 행동할 때 이 불이

들어오는 것입니다! 누군가 스위치가 어디 있는지 찾아내고 그 스위치를 켤 때 불은 들어옵니다. 영적인 영역에서도 마찬가지입니다. **당신이 하나님의 말씀이 뭐라고 하는지 알아내고 그것에 근거하여 행동할 때 당신은 결과를 얻습니다!**

당신이 아는 것에 근거하여 행동하십시오

예수 그리스도 안에서 당신의 자리를 차지하십시오. 이 진리를 알면 당신은 더 이상 당신을 대신해서 기도해 줄 사람을 찾아다닐 필요가 없습니다. 하나님께서 그 어떤 사람의 기도를 들을 때만큼 당신의 기도도 신속하게 들으신다는 것을 당신은 알 것입니다. 하나님과 당신의 관계가 하나님과 다른 어떤 그리스도인과의 관계만큼 좋기 때문에 그분은 당신의 기도를 들으실 수 있습니다.

복음 전도자나 목사나 사역자는 당신이 하나님 앞에서 가지고 있는 것보다 더 좋은 위치를 가지고 있지 않습니다. 사역자는 당신이 가지고 있지 않은 **의무**와 **책임**이 있을 뿐입니다. 그러나 그 책임이 그를 더 **의롭게** 만들거나 하나님 앞에 서 더 올바르게 서 있을 수 있도록 만드는 것은 아닙니다. 하나님께서는 당신의 기도를 듣고 응답하는 것보다 그 사람의 기도를 더 빨리 듣거나 더 신속하게 응답하지 않으십니다.

하나님은 그리스도의 몸의 한 지체를 다른 지체보다 더 사랑하지 않으십니다. 우리는 이것에 관해서 여러 가지 잘못된 생각을 가지고 있습니다. "만약에 **진짜** 하나님의 사람이 나를 위해 기도하게 할 수만 있다면 하나님은 내 기도에 응답하실 거야." 아닙니다. 어떤 그리스도인들은 그들이 가지고 있는 것을 활용하는 법을 당신보다 더 잘 배웠을지는 몰라도, 그들이 당신보다 더 **의롭지**는 않습니다. 하나님께서는 그들이 기도하는 것을 당신이 기도하는 것보다 더 빨리 듣지 않으십니다.

저는 이 마지막 때에 믿는 자들의 무리가 그리스도 안에서 자기의 위치를 차지하는 법을 배우고 그들이 그리스도 안에서 누구이며 어떤 존재인지 알고 일어 설 것을 전적으로 확신합니다. 얼마나 놀라운 기도의 용사들입니까! 얼마나 기도에 희생되고 헌신된 삶들입니까! 이들의 삶에 결과가 따르는 것을 보십시오. 그들은 반드시 결과를 얻을 것입니다. 그들은 더 이상 기도 응답을 받기 위해 다른 누군가에게 의지할 필요가 없습니다.

하나님께서 **당신의 기도**를 들으실 것입니다! 우리는 교회 안에서 모든 기도의 책임을 목사님께 맡기도록 훈련받아왔습니다. 하지만 당신이 의가 무엇인지 이해하고 그것이 당신에게 어떤 의미인지 깨닫게 된다면, 당신이 살아온 그 신학의 좁은 시야로부터 걸어 나와 하나님의 끝없는 풍성함 속으로 걸어 들어갈 수 있습니다!

어떤 사람들은 이렇게 말합니다. "저는 하나님의 말씀에서 우리가 지나간 죄를 사함 받았고 의의 선물을 받았다는 것을 볼 수 있습니다. 우리가 의로운 새로운 피조물로 만들어졌다는 것도 볼 수 있습니다. 하지만 제가 그리스도인이 된 이후로 지은 죄와 잘못들은 어떻게 되는 거죠?"

제가 성경에서 의에 대해서 배웠을 때, 사탄이 바로 이것을 이용하여 저를 패배시키려고 했습니다. 그는 말했습니다. "그래, 너는 그리스도 안에서 새로운 피조물이 되었어. 그리고 하나님은 불의한 새로운 피조물은 만들지 않으시지. 하지만 너는 구원 받은 이후로 죄를 지었잖아. 그 때 네가 화가 나서 이성을 잃었던 것을 기억하지?" (그는 나의 의에 대해서는 더 이상 논쟁할 수 없다는 것을 알고 있었습니다. 왜냐하면 말씀은 진리이고 제가 진리를 발견했기 때문입니다.)

그래서 이제 사탄은 제가 그리스도인이 된 이후로 죄를 지은 사실을 가지고 저를 넘어뜨리려고 했습니다. 저는 양심이 너무 찔려서 이것을 놓쳐버렸습니다. 당신은 그리스도인이 된 이후로 실패한 적이 있습니까? 당신이 구원받은 이후로 실패하고 죄를 짓고 진리를 놓친 적이 있습니까?

그러나 저는 하나님의 말씀을 다시 보기 시작했고 요한일서에서 이 구절을 찾았습니다.

만일 우리가 우리 죄를 자백하면 그는 미쁘시고 의로우사 우리 죄를 사하시며 우리를 모든 불의에서 깨끗하게 하실 것이요 요일 1:9

여기서 사도 요한은 죄인들에게 이 편지를 쓰고 있는 것이 아닙니다. 그는 "나의 어린 자녀들아"라고 했기 때문에 그는 그리스도인들에게 이 편지를 쓰고 있었습니다.

나의 자녀들아 내가 이것을 너희에게 씀은 너희로 죄를 범하지 않게 하려 함이라 만일 누가 죄를 범하여도 아버지 앞에서 우리에게 대언자가 있으니 곧 의로우신 예수 그리스도시라 그는 우리 죄를 위한 화목 제물이니 우리만 위할 뿐 아니요 온 세상의 죄를 위하심이라 요일 2:1-2

사람이 죄를 지을 때 그는 정죄를 받기 때문에 의 의식을 잃어버립니다. 그러나 그가 "나는 죄를 지었고 주님을 실망시켰습니다. 주님, 제발 예수의 이름으로 저를 용서해주십시오."라고 고백한다면 하나님은 두 가지를 하십니다. 요한일서

1장 9절에 따르면, 하나님은 우리의 죄를 **용서하시고** 우리의 죄로부터 우리를 **깨끗케 하십니다.** 만약에 하나님께서 우리의 죄를 용서하시기만 했다면 우리에게 별 도움이 되지 못했을 것입니다. 왜냐하면 아직 우리는 죄의 정죄 아래 있을 것이기 때문입니다. 그러나 하나님께서는 실재로 **우리를 모든 죄로부터 깨끗이 씻으십니다.** (죄사함과 용서에 대해서 더 알고 싶다면 소책자『위대한 세 단어』Three Big Words, 케네스 해긴 지음 를 참고하십시오.

하나님께서 무엇으로부터 우리를 깨끗이 씻으십니까? **모든 불의, 모든 불의로부터** 입니다! 우리의 불의의 일부만입니까? 아닙니다. **전부입니다!**

제가 이 말씀을 본 이후로 저는 사탄에게 돌아가 이 소식을 전하여 그를 도망가게 했습니다. 그 때 이후로 그는 계속 저를 피해 도망가느라 달리고 있습니다. 그 전까지는 사탄이 저를 도망가게 하고 있었습니다. 만약에 제가 어디서든 사탄을 봤다면, 저는 그를 피해 길을 건넜을 것입니다. 저는 그와 마주치지 않기 위해 어두운 골목으로 들어갔을 것입니다. (제가 지금 비유적으로 말하고 있다는 것을 이해하실 줄 믿습니다.) 만약에 그가 어느 곳에서든지 그의 머리를 내밀면 저는 뒤돌아서 뛸 준비가 되어 있었습니다. 그러나 제가 그리스도 안에서 누구인지 발견한 이후로 저는 그를 제 집으로 초대할 **뻔했**

습니다. 하나님을 찬양합니다! 만약에 그를 만난다면, 저는 그와 맞서겠습니다. 그리고 지금은 그가 뒤돌아서 도망가고 또 도망가는 자입니다. 왜냐하면 제가 말씀이 의미하는 바를 발견했음을 그가 알아버렸기 때문입니다!

제 4 장

예수 이름에 대한
우리의 합법적인 권리 이해하기

믿음의 선한 싸움을 싸우라 ⋯ 딤전 6:12

만약 믿음에 대한 싸움이 있다면, 믿음에 대한 적들이 있다는 사실이 따라옵니다. 그리고 우리가 이전에 지적하였듯이 믿음의 가장 큰 적은 하나님의 말씀에 대한 무지입니다.

성경은 말합니다. "믿음은 들음에서 나며 들음은 그리스도의 말씀으로 말미암았느니라"(롬 10:17). 하나님의 말씀에 대한 무지가 믿음의 가장 큰 방해물이라는 것을 당신은 즉시 알 수 있습니다.

제 경우에는, 제가 하나님의 말씀이 뭐라고 말하는지 발견하자마자 제 믿음은 더 이상 방해 받지 않았습니다. 제 인생에 있어서 제 믿음을 방해한 단 한 가지는 바로 하나님의 말씀에 대한 무지였습니다. 제가 하나님의 말씀에 대한 지식을 얻자마자 제 무지는 해결되었고 저의 믿음은 효과가 있었습니다! 당신도 똑같은 경험을 하실 것입니다.

우리는 여섯 가지 믿음의 방해물에 대해 공부하고 있습니다. 이 장에서 공부할 믿음의 네 번째 방해물은 예수 이름에 대한 우리의 합법적인 권리를 이해하지 못하는 것입니다. 그 이름을 사용할 수 있는 우리의 합법적인 권리를 모르는 것은 우리를 속박하고 연약함을 느끼게 합니다. 그러나 그 이름이 무엇을 할 것인지 안다면 우리는 사탄을 이기고 매번 승리를 즐길 수 있습니다! 예수의 이름이 교회에 속해 있다는 것이 얼마나 놀라운 일입니까? 그 이름은 모든 그리스도의 몸의 지체에게, 심지어 가장 낮고 약한 지체에게까지 속한 것입니다.

하나님의 말씀에서 예수님과 그 이름에 관해서 뭐라고 하는지 알아봅시다. 그러면 말씀이 우리의 영 안에, 우리의 심령 안에, 그리고 우리의 속사람 안에 믿음을 세울 것입니다.

히브리서 1장에서 시작하겠습니다. 이 단락은 예수님에 관하여 말하고 있습니다. "이는 하나님의 영광의 광채시요 그 본체의 형상이시라…"(히 1:3) 예수님은 하나님의 영광의 광채이시며 하나님의 본체의 형상의 표현이 되십니다.

이는 하나님의 영광의 광채시요 그 본체의 형상이시라 그의 능력의 말씀으로 만물을 붙드시며 죄를 정결하게 하는 일을 하시고 높은 곳에 계신 지극히 크신 이의 우편에 앉으셨느니라 그가 천사보다 훨씬 뛰어남은 그들보다 **더욱 아름다운 이름을** 기업으로 얻으심이니 하나님께서 어느 때에 천사 중 누구에게 너는 내 아들이라 오늘 내가 너를 낳았다 하셨으며 또 다시 나는 그에게 아버지가 되고 그는 내게 아들이 되리라 하셨느냐 또 그가 맏아들을 이끌어 세상에 다시 들어오게 하실 때에 하나님의 모든 천사들은 그에게 경배할지어다 말씀하시며 또 천사들에 관하여는 그는 그의 천사들을 바람으로, 그의 사역자들을 불꽃으로 삼으시느니라 하셨으되 히 1:3-7

이제 에베소서 1장 19-23절을 읽어봅시다. 이 구절들을 묵상할 충분한 시간을 가지십시오. 이 구절들을 생각하십시오. 이 말씀이 당신 속에 의식consciousness이 될 때까지 이 말씀을 먹으십시오. 당신이 말씀을 묵상할 시간을 갖는다면, 말씀이 당신을 위해 무언가를 할 것입니다. 그러나 당신이 그저 무심코 이 성경구절들을 읽고 그냥 지나친다면 이 말씀은 당신에게 아무런 의미가 없을 것이고 당신을 위해 아무것도 이룰 수 없습니다.

그의 힘의 위력으로 역사하심을 따라 믿는 우리에게 베푸신 능력의 지극히 크심이 어떠한 것을 너희로 알게 하시기를 구하노라 그의 능력이 그리스도 안에서 역사하사 죽은 자들 가운데서 다시 살리시고 하늘에서 자기의 오른편에 앉히사 모든 통치와 권세와 능력과 주권과 이 세상뿐 아니라 오는 세상에 일컫는 **모든 이름 위에** 뛰어나게 하시고 또 만물을 그의 발 아래에 복종하게 하시고 그를 만물 위에 교회의 머리로 삼으셨느니라 엡 1:19-23

사람의 모양으로 나타나사 자기를 낮추시고 죽기까지 복종하셨으니 곧 십자가에 죽으심이라 이러므로 하나님이 그를 지극히 높여 모든 이름 위에 뛰어난 **이름**을 주사 하늘에 있는 자들과 땅에 있는 자들과 땅 아래 있는 자들로 모든 무릎을 예수의 **이름**에 꿇게 하시고 모든 입으로 예수 그리스도를 주라 시인하여 하나님 아버지께 영광을 돌리게 하셨느니라 빌 2:8-11

로더헴 번역은 빌립보서 2장 10절을 이렇게 읽습니다. "예수의 이름 안에서 하늘과 땅과 땅 아래의 모든 존재들이 무릎 꿇고 절하게 하기 위하여." 이것은 천사들과 사람들과 악한 영들이 반드시 예수의 이름 앞에 절해야 한다는 뜻입니다.

빌립보서 2장 8-9절에서 예수님의 부활 이후에 그분께 그의 이름이 주어진 것에 주목하십시오. 예수님의 부활 이후에 하나님께서 예수님을 높이셨습니다.

예수의 이름은 교회에 속하였다

한 번 이 질문에 대해 생각해 봅시다. 이 이름이 왜 예수님께 주어졌을까요? 성경에서는 하나님께서 예수님을 부활시키시고 예수님께 모든 주권과 모든 권세와 모든 능력 위에 뛰어난 이름을 주셨다고 말하고 있습니다. 하나님께서 예수님을 높이셨고 예수님을 자기 오른편에 앉히시고 모든 주권과 모든 권세와 모든 능력보다 뛰어나게 만드셨다고 말하고 있습니다. 왜 이 이름 안에 이런 엄청난 권세와 주권이 주어졌을까요? 예수님의 유익을 위한 것입니까? 아닙니다!

예수님이 부활하시고 승천하시고 아버지의 오른편에 앉으신지 2,000년 이래로 예수님께서는 그의 이름을 단 한 번도 사용하신 적이 없으십니다! 성경에서는 예수님께서 그 이름을 사용하신 적이 있다고 말하고 있지 않습니다. 그는 그 이름을 사용할 필요가 없습니다! 예수님은 하나님과 동일하시기 때문에 모든 피조물을 그의 말씀으로 다스리십니다.

여러분이 이것을 아시기를 원합니다. 성경에서 예수의 이름이 언급될 때마다, 그 이름은 **교회가** 사용하도록 하기 위해 주어진 것을 볼 수 있습니다! 예수의 이름이 언급되는 모든 구절에는 그리스도의 몸이 언급됩니다!

더 깊은 연구를 위해서 그 이름에 관한 구절들을 연결해 보겠습니다.

그가 천사보다 훨씬 뛰어남은 그들보다 더욱 아름다운 **이름**을 기업으로 얻으심이니 히 1:4

…능력의 지극히 크심이 어떠한 것을 너희로 알게 하시기를 구하노라 그의 능력이 그리스도 안에서 역사하사 죽은 자들 가운데서 다시 살리시고 하늘에서 자기의 오른편에 앉히사 모든 통치와 권세와 능력과 주권과 이 세상뿐 아니라 오는 **세상에 일컫는 모든 이름 위에 뛰어나게 하시고** 엡 1:19-21

이러므로 하나님이 그를 지극히 높여 모든 **이름** 위에 뛰어난 이름을 주사 하늘에 있는 자들과 땅에 있는 자들과 땅 아래에 있는 자들로 모든 무릎을 예수의 **이름**에 꿇게 하시고 빌 2:9-10

이제 우리는 그 이름이 교회에 속한 것임을 보아야 합니다.

[예수와 그의 이름을] 모든 통치와 권세와 능력과 주권과 이 세상뿐 아니라 오는 세상에 일컫는 모든 이름 위에 뛰어나게 하시고 또 만물을 그의 발 아래에 복종하게 하시고 그를 만물 위에 **교회의** 머리로 삼으셨느니라 교회는 그의 몸이니 만물 안에서 만물을 충만하게 하시는 이의 충만함이니라 엡 1:21-23

예수의 이름은 그리스도의 몸인 교회에 속한 것입니다!

너희는 **그리스도의 몸**이요 지체의 각 부분이라 하나님이 **교회** 중에 몇을 세우셨으니… 고전 12:27-28

27절에서 성경은 "너희는 그리스도의 몸이요"라고 말하고 그 바로 다음 구절에 그리스도의 몸이 교회로 불려집니다.

예수의 이름을 언급하는 성경구절마다 그의 몸인 교회가 그 이름을 사용하는 것을 언급합니다. 그 이름은 그의 몸인 교회가 사용할 수 있도록 예수님께 주어진 것입니다. 그래서 모든 것보다 뛰어난 그 이름이 내게 속한 것이고 또한 당신에게 속한 것입니다! 우리는 하나님의 말씀에 근거하여 그 이름이 합법적으로 우리에게 속한 것임을 깨달아야 합니다.

그 이름을 가지고 이제 우리는 무엇을 해야 할까요?

예수 이름의 합당한 사용법

우리가 옛날에 불렀던 그 오래된 노래를 기억하십니까? "예수의 이름을 가져가렴, 슬픔과 절망의 자녀야." 그것은 우리가 아닙니다! 그것은 그리스도의 몸인 교회를 표현하고 있는 것이 아닙니다! 우리는 슬픔과 절망의 자녀들이 아닙니다. 우리는 왕 중의 왕께 속했습니다. 또 이런 가사의 노래도 있습니다. "여기서 나는 거지처럼 더위와 추위 속에 헤맨다…" 첫째로 우리는 거지가 아닙니다. 성경은 우리를 하나님의 상속자, 즉 하나님의 자녀라고 말하고 있고 예수 그리스도와 공동 상속자라고 말하고 있습니다.

둘째로 우리는 헤매고 있지 않습니다. 우리는 우리가 누구인지 또 우리가 어디로 가고 있는지 정확히 알고 있습니다. 하나님을 찬양합니다! 그리스도의 몸인 우리의 믿음이 방해 받은 이유들 중 하나는 우리가 부르는 노래들이 불신앙으로 방부처리 되었기 때문입니다.

그리스도의 몸인 우리가 불렀던 노래들 중에는 전혀 성경적이지 않은 노래들이 있습니다. 그리고 우리는 그것들이 진리라고 생각하며 너무나 오랫동안 그 노래들을 불러왔습니다! 그 노래의 일부분은 성경이고, 일부분은 감성이며, 일부분은 불신앙입니다. 하지만 그것은 진리가 아니며 하나님의 말씀이 진리입니다!

우리는 가끔 멈춰서 우리가 부르는 노래들이 영적으로 우리에게 어떤 영향을 미치고 있는지 생각해볼 필요가 있습니다. 그것이 때때로 인간들이 가지고 있는 문제입니다. 우리는 아무 생각 없이 눈이 먼 것처럼 그것들을 따릅니다.

우리는 예수의 이름에 대해서도 이와 똑같은 일을 저질렀습니다. 우리는 그 이름의 온전한 중요성을 깨닫지 못했습니다. 제가 볼 때, 어떤 사람들은 우리가 예수의 이름을 어떤 복을 가져온다고 믿는 물건처럼 생각하고 가지고 다녀야 한다고 생각하는 것 같습니다. 예수의 이름이 무슨 토끼 발이나 문 위에 걸린 편자인 것처럼 말입니다. 그러나 예수의 이름은 그렇게 기능하지 않습니다. 예, 물론 그 이름은 우리가 사용하기 위해 주어진 것입니다. 그러나 우리는 이 이름을 지니고 다니면서도 전혀 사용하지 않을 수도 있습니다. 그리고 만약에 우리가 사용하지 않는다면 그 이름은 우리에게 아무런 의미도 없을 것이고 우리를 위해서 아무것도 해줄 수 없을 것입니다.

예수의 이름은 그리스도의 몸인 우리의 유익을 위해 주어졌습니다. 하나님께서는 교회를 위해서 그 이름에 투자하셨습니다. 하나님께서는 예수님의 이름을 입금하셨고 교회는 그의 모든 필요에 따라 인출할 권리를 가지고 있습니다.

> 나의 하나님이 그리스도 예수 안에서 영광 가운데 그 풍성한 대로 너희 모든 쓸 것을 채우시리라 빌 4:19

보시다시피 그 놀라운 예수의 이름은 하나님의 풍성함을 지니고 있습니다. 그 이름 안에 영원한 부요함이 있습니다. 그 이름 안에 모든 어둠의 능력 위에 뛰어난 권세와 능력이 있습니다. 그리고 그 이름은 우리의 것입니다!

예수 이름 안에서 기도하기

이제 예수님께서 우리가 그의 이름을 어떻게 사용할 수 있는지에 대해서 말씀하신 것을 공부합시다. 예수님은 요한복음 16장 23절과 24절에서 하나님 앞에 나와서 **기도할 때 그 이름을** 쓸 권리가 그리스도의 몸인 교회에게 있다고 말합니다.

그 날에는 너희가 아무 것도 내게 묻지 아니하리라 내가 진실로 진실로 너희에게 이르노니 너희가 무엇이든지 아버지께 구하는 것을 **내 이름으로** 주시리라 지금까지는 너희가 내 이름으로 아무 것도 구하지 아니하였으나 구하라 그리하면 받으리니 너희 기쁨이 충만하리라 요 16:23-24

예수님은 십자가를 지시기 전에 제자들에게 이렇게 말씀하셨습니다. 예수님은 "그 날에는…"이라고 문장을 시작하였습니다. 예수님은 그 순간을 말하고 있는 것이 아니었습니다. 그렇습니다. 예수님은 다른 앞날을 바라보시면서 말씀하신 것이었습니다. 예수님은 그가 십자가에서 죽고 장사되고 죽음에서 부활하고 하늘로 올라가고 아버지의 오른편에 앉는 "그 날"을 바라보고 계신 것이었습니다. "그 날"은 지금 우리가 살고 있는 날을 말하고 있습니다. 바로 새 언약의 날, 신약 시대의 날을 말하고 있는 것입니다!

예수님께서 말씀하셨습니다. "[신약시대의] 그 날에는 너희가 나에게 아무것도 구하지 않으리라…[그러나]무엇이든지 내 이름으로 아버지께 구한 것을 그가 너희에게 주리라." 이 약속은 예수님의 입에서 떨어진 가장 놀라운 말 중 하나입니다. 이 성경구절은 교회에게 주어진 기도에 대한 우리의 권리를 약속하는 장입니다.

예수님은 계속해서 말씀하셨습니다. "지금까지는 너희가 내 이름으로 아무 것도 구하지 아니하였으나…"(요 16:24) "지금까지"는 "이제껏" 또는 "이제까지는", "이 순간까지는"을 뜻합니다. 보시다시피 예수님께서 이 땅에 계신 동안에는 아무도 그분의 이름으로 하나님 아버지께 기도한 적이 없었습니다. 예수님의 죽음과 장사됨과 부활 후에야 예수님의 이름이 높여졌고 하나님 아버지의 오른편에 앉을 수 있었던 것입니다. 그리고 능력과 권세가 담긴 그 이름이 예수님께 주어졌습니다. 그래서 예수님께서 말씀하셨습니다. "지금까지는 너희가 내 이름으로 아무 것도 구하지 아니하였으나 구하라 [할렐루야! 그분이 우리에게 구하라고 하셨습니다!] 그리하면 받으리니 너희 기쁨이 충만하리라."

예수 이름에 대한 우리의 권리

예수님께서는 그 이름으로 아버지 앞에 나올 권리가 있다고 믿는 자들에게, 그리스도의 몸인 교회에게, 바로 당신과 저에게 말씀하고 계십니다. 예수님께서는 우리가 기도할 때 그 이름을 사용하라고 말씀하십니다.

요한복음 16장 23절과 24절에서 예수님께서는 믿음을 언급하지 않으십니다. "네가 만약에 믿는다면 하나님께서 네 간구를 들으시리라." 또는 "네가 만약에 믿음을 가진다면 아버지께서 네가 필요한 것을 주시리라."라고 말하지 않으십니다. 아닙니다. 예수님께서는 이렇게 말씀하십니다. "무엇이든지 아버지께 내 이름으로 구하는 것은 그가 네게 주시리라!"

보시다시피 예수님은 그분의 이름을 우리에게 주셨습니다. 그 이름은 합법적으로 우리의 소유가 되었고 우리에게 속한 것을 사용하기 위해서 믿음은 필요 없습니다. 다른 말로 하면, 저는 차를 운전하고 다닙니다. 제 차는 저의 소유입니다. 이 차의 열쇠를 내가 소유하고 있습니다. 그 열쇠를 꽂아 시동을 걸고 운전하기 위해서 제 믿음은 필요하지 않습니다. 저는 이미 저에게 속한 것을 사용했을 뿐입니다. 제 차에다 열쇠를 꽂고 시동을 걸고 운전할 믿음을 갖기 위해서 매번 성도들이 저를 위해서 기도하길 바라며 기도제목을 낼 필요가 없습니다.

그렇습니다. 그 차는 제 것입니다. 저는 단지 이미 제게 속한 것을 사용했을 뿐입니다! 예수 이름도 그렇습니다. 그 이름은 이미 당신의 것입니다. 그 이름은 교회에게 사용하라고 주어진 이름입니다. 이미 당신의 것이 된 것을 사용하십시오!

당신이 하나님의 가족으로 태어날 때 당신은 예수님의 이름을 사용할 수 있는 권리와 혜택을 갖게 됩니다. 물론 하나님의 가족이 되기 위해서는 **믿음**이 필요했습니다. 왜냐하면 "너희는 그 은혜에 의하여 믿음으로 말미암아 구원을 받았으니"(엡 2:8)라고 성경이 말하기 때문입니다. 그러나 당신이 하나님의 가족으로 거듭난 후로는 예수님께서 값을 지불한 모든 것이 자동적으로 당신의 것이 됩니다. 당신이 하나님의 가족이 되었기 때문에 모두 당신의 것이 된 것입니다!

고린도의 육신적인 그리스도인들을 생각해 보십시오. 바울은 그들을 "육신에 속한carnal", 다른 번역에서는 "육신의 지배를 받는" 그리스도인들이라고 불렀습니다. 대부분의 사람들은 이 고린도인들이 육신에 속한 그리스도인들이었기 때문에 하나님으로부터 아무것도 받을 수 없었다고 생각할 것입니다. 그러나 바울은 그들에게 "그런즉 누구든지 사람을 자랑하지 말라 만물이 다 너희 것임이라… 너희는 그리스도의 것이요 그리스도는 하나님의 것이니라."(고전 3:21, 23)라고 말했습니다.

당신의 것을 사용하십시오

"만물이 다 너희 것임이라." 이 말씀에서 모두 다 너희 것이 될 것이라고 말하지 않은것에 주목하십시오. 이것들은 이미 당신 것이 되었습니다. 그러나 당신에게 속한 것을 사용하는 것은 당신의 책임입니다.

우리는 이것의 예를 탕자의 이야기에서 볼 수 있습니다(눅 15:11-32). 밭에서 돌아온 맏형을 기억하십니까? 잔치를 벌이고 있었기 때문에 그는 음악소리와 사람들이 축하하며 춤추는 소리를 들었습니다. 그는 종들에게 무슨 일이 있는지 물었고 그들은 그에게 "당신의 동생 탕자가 집에 돌아와 아버지께서 그를 위해 잔치를 벌이셨습니다."라고 말했습니다. 맏형은 그것에 대해서 화가 나서 잔치에 참여하지 않았고 그의 아버지는 그와 대화하기 위하여 밖으로 나왔습니다.

만약에 탕자를 어떤 죄인이나 예수님을 떠난 사람으로, 아버지는 하나님으로 비유한다면 맏형은 믿음을 떠나지 않은 그리스도인으로 비유됩니다. 그리고 아버지께서 나와서 그에게 같이 와서 잔치에 참여하자고 했을 때 그 맏형은 "싫습니다. 저는 들어가지 않겠습니다. 저는 아버지를 수년 간 신실히 섬겨왔습니다. 저는 당신을 떠난 적이 없습니다. 저는 멀리 나가 당신의 돈을 방탕한 삶에 허비하지도 않았습니다. 그러나 아버지는 저를 위해서 한 번도 잔치를 베푼 적이 없으십니다. 당신은 저를 위해 살찐 송아지를 죽인 적이 없으십니다. 당신은 한 번도 제가 친구들을 초대해 잔치를 벌이도록 해 주신 적이 없으십니다."라고 말했습니다. 그러자 아버지께서 대답하셨습니다. "아들아, **내가 가진 모든 것이 네 것이다**"(눅 15:31).

이상하게도 성경 말씀은 사람들의 귀에 잘 들리지 않습니다. **대부분의 사람들이 기도하며 구하는 것들은 이미 그들의 것입니다.** 그들이 예수의 이름으로 그것을 붙잡는 법만 안다면 말입니다! 가끔 그 사람들은 이 맏형과 같습니다. 하나님을 떠났던 사람들과 죄인들이 하나님께 돌아와 올바른 관계를 회복하고 즉각적으로 축복받고 그리스도 안에서 그들에게 속한 것을 취하게 될 때 이 사람들은 거의 화를 냅니다.

이와 같은 일이 있었던 것을 기억합니다. 두 감리교 여인들이 제가 순복음 교회에서 주최한 집회에 왔었습니다. 이 두 여자분 중 한 명은 의사들로부터 6개월 밖에 살 수 없다는 말을 들었습니다. 이 여자 분은 실려서 집회에 들어왔고 실려서 집회를 나갔습니다. 그녀는 즉각적인 치유를 받지 않았습니다. 그러나 말씀이 그녀에게 전해진 지 이틀 안에 그녀의 몸속에 있던 모든 증상들이 떠났고 그녀는 스스로 집회에 걸어왔습니다! (저는 그녀를 십 년 후에 봤고 그녀는 여전히 온전히 치유되어 있었습니다.) 그리고 나서 그녀의 시어머니인 다른 여자 분은 발작을 두 번이나 경험해 휠체어에 앉아있었는데 그 때 즉각적인 치유를 받고 휠체어에서 일어나 걸었습니다.

그 모임이 끝난 후에 그 순복음 교회에 있던 여자 분이 제게 와서 눈물을 흘리면서 말했습니다. "해긴 목사님, 제 질문에 답해주실 수 있겠어요? 하나님께서는 왜 그 두 감리교 여인들은 치유하고 저는 치유하지 않으시죠? 그들은 성령도 받지 않았습니다. 그들은 방언도 말하지 않습니다. 저는 방언을 할 줄 압니다. 하나님께서는 왜 저를 치유하지 않으시죠?"
　저는 치유가 이미 그녀의 것임을 이해시키기 위해서 이렇게 말했습니다. "자매님, 하나님께서는 이미 당신을 치유하기 위해 할 수 있는 모든 것을 하셨습니다."
　"하나님께서 저를 치유하시지 않을 것이란 말입니까?"
　"저는 그렇게 말하지 않았습니다. 하나님은 당신을 치유하기 위해서 하실 수 있는 모든 일을 하셨다고 말했습니다. 그분은 이미 당신의 질병을 예수님께 얹으셨고 예수님은 당신의 질병을 지시고 십자가를 지셨습니다. 예수님께서는 당신의 질병을 지셨고 그가 채찍에 맞음으로 당신은 이미 **나았습니다**. 하나님께 있어서 당신은 이미 치유되었습니다."
　"저는 언젠가 어디에선가 하나님의 선한 방식으로 그분이 준비되었을 때 저를 치유하실 것을 믿어요." 그녀는 자기 자신에게 중얼거리면서 떠났습니다. 안타깝게도 그녀가 간 길은 옳은 길이 아닙니다. 저는 그녀를 5년, 10년 뒤에도 보았고 그녀는 여전히 질병을 앓고 있었습니다.

치유 받았던 두 감리교 여인들은 그리스도 안에서 합법적으로 그들에게 속한 것들에 대해서 아무것도 몰랐습니다. 하지만 치유가 자기 것이었다는 것을 알았을 때, 그들은 탕자처럼 들어와서 잔치를 즐겼습니다. 그러나 "맏언니"는 밭에서 돌아와 그것에 대해서 화를 냈습니다. 그리고 아버지께서 그녀에게 이렇게 말씀하시고 계십니다. "딸아, **내가 가진 모든 것이 네 것이다.**"

당신이 해야 할 일은 단지 자신에게 '**하나님께서는 내가 필요한 것은 무엇이든지 가지고 계신가?**' 라고 질문하는 것입니다. 왜냐하면 하나님이 그것을 가지고 계시다면, 그것은 이미 당신 것이기 때문입니다!

하나님께서 이미 모든 것을 하셨습니다

한 설교자가 이렇게 말했습니다. "저는 하나님께 저를 구원해 달라고 설득하는데 무려 사흘 밤낮이 걸렸습니다." 이 얼마나 우스운 일입니까? 하나님의 말씀은 요한계시록 13장 8절에서 그리스도는 창세전에 희생된 어린 양이었다고 말합니다. 이 사람은 하나님이 자기를 구원하시도록 설득하려고 했다고 말하는데, 하나님께서는 이미 창세전부터 그의 구원을 계획해 놓으셨습니다! 구원, 곧 사람의 속량이 어린양께서 오신 이유입니다. 성경은 말합니다. "인자가 온 것은 잃어버린 자를 찾아 구원하려 함이니라"(눅 19:10).

다른 사람은 이렇게 말했습니다. "저는 정말 하나님께서 성령 침례를 제게 주시지 않을 것이라고 생각했습니다. 저는 제가 하나님께서 제게 성령을 주시게 만들 수 있다고 생각해본 적이 없었습니다."

오, 이럴 수가. 말도 안되지만 웃을 수도 없는 가여운 일입니다. 당신은 하나님께서 무슨 생각을 하시도록 설득할 필요가 없습니다. 하나님께서는 이미 그 생각을 하고 계십니다! 하나님께서는 이미 당신이 필요한 모든 것을 예비해 놓으셨습니다. 게다가, 하나님께서는 당신의 모든 필요에 사용할 수 있도록 예수님의 이름을 주셨습니다. 그 이름은 응답을 보장합니다!

예수의 이름으로 요구하기

사도행전 3장 1-9절의 미문의 예가 바로 예수의 이름으로 요구하는 한 예입니다.

제 구 시 기도 시간에 베드로와 요한이 성전에 올라갈새 나면서 못 걷게 된 이를 사람들이 메고 오니 이는 성전에 들어가는 사람들에게 구걸하기 위하여 날마다 미문이라는 성전 문에 두는 자라 그가 베드로와 요한이 성전에 들어가려 함을 보고 구걸하거늘 베드로가 요한과 더불어 주목하여 이르되 우리를 보라 하니 그가 그들에게서 무엇을 얻을까 하여 바라보거늘 베드로가 이르되 은과 금은 내게 없거니와 내게 있는 이것을 네게 주노니 나사렛 예수 그리스도의 **이름으로** 일어나 걸으라 하고 오른손을 잡아 일으키니 발과 발목이 곧 힘을 얻고 뛰어 서서 걸으며 그들과 함께 성전으로 들어가면서 걷기도 하고 뛰기도 하며 하나님을 찬송하니 모든 백성이 그 걷는 것과 하나님을 찬송함을 보고 행 3:1-9

제자들이 하나님께 예수의 이름으로 **기도해서** 이 사람이 치유된 것이 아님을 주목하셨습니까? 당신이 신약성경을 읽으면서 제자들이 사람들의 치유를 위해서 기도하지 않았다는 것을 주목해본 적이 있으십니까? 사람들은 기도를 통해서 치유 받을 수 있지만, 제자들은 사람들이 치유되기를 기도하지 않았습니다. 제자들은 그들이 소유하고 있는 예수의 이름에 대한 권세를 행사했을 뿐입니다. 미문에서 베드로는 말했습니다. "예수의 이름으로 일어나 걸으라." 베드로는 그 사람에게 예수의 이름으로 일어나 걸을 것을 요청 또는 **요구**하였고 그 사람은 그대로 행했습니다!

　이 중요한 진리를 보실 수 있습니까? 우리는 예수의 이름을 사용할 **권세**가 있습니다! 하나님의 능력이 그 이름 안에 있습니다! 그리고 우리가 그 이름을 사용할 때 마치 예수님이 직접 이 곳에 와 계신 것과 같습니다. 예수 안에 맡겨진 모든 능력과 모든 권세가 **그 이름 안에 들어 있습니다!** 할렐루야!

　보시다시피 그들은 아버지께 아무것도 요구하고 있지 않습니다. 그 사람을 앉은뱅이로 만든 것은 하나님 아버지가 아닙니다. 마귀가 그렇게 했습니다. 예수님의 이름은 당신에게 속한 것이고 만약에 사탄이 당신을 공격한다면 당신은 예수의 이름으로 그에게 당신을 떠나라고 요구할 권세가 있습니다. 만약에 통증이 당신의 몸에 온다면 예수의 이름으로 당신을 떠날 것을 요구하십시오. 그 이름은 당신 것입니다!

믿는 자들이 사용할 그 이름의 용도

　마가복음 16장 15절에서 예수님께서 "너희는 온 천하에 다니며 만민에게 복음을 전파하라…"고 말씀하셨습니다. 그리고는 이렇게 말씀하셨습니다.

믿는 자들에게는 이런 표적이 따르리니 곧 그들이 **내 이름으로** 귀신을 쫓아내며 새 방언을 말하며 뱀을 집어 올리며 무슨 독을 마실지라도 해를 받지 아니하며 병든 사람에게 손을 얹은즉 나으리라 하시더라 막 16:17-18

예수님께서는 그의 이름 안에 있는 능력과 권세를 **믿는 자들**에게 위임하셨습니다. 그 믿는 자들은 바로 그리스도의 몸인 우리입니다! 예를 들면 어떤 사람들은 그 이름을 사용할 권리를 은사와 성령으로 하나님께 특별히 사용되는 사람들에게 의탁했습니다. 그러나 이것은 복음전도자나 목사나 성령의 은사로 사용되는 사람들만을 말하고 있는 것이 아닙니다. 이 구절은 그리스도의 몸 전체, 즉 믿는 자들에 관하여 말하고 있고 그들 모두가 예수의 이름을 사용할 능력과 권세를 이미 가지고 있습니다. "**믿는 자들에게는** 이런 표적이 따르리니 곧 그들이 내 이름으로…"(17절) 이는 그리스어 그대로 해석하면 "믿는 한 사람에게 이런 표적이 따르리니"라고도 할 수 있습니다.

예수의 이름 안에 권세가 맡겨졌습니다. 주 예수 그리스도의 교회 안에 맡겨진 권세가 있습니다. 우리 중 몇 명은 가끔 가다 한 번씩 그 권세를 사용했습니다. 하지만 아무도 하나님께서 원하시는 것같이 그 권세 안에서 머물러 살지는 못하고 있습니다.

그러나 저는 이 마지막 때에, 예수님이 오시기 바로 직전에 그들에게 속한 모든 이름 위에 뛰어난 예수의 이름을 사용할 줄 아는 믿는 자들의 무리가 일어날 것을 전적으로 확신하고 굳건히 믿고 있습니다!

제 5 장

하나님의 말씀대로
행동하는 법을 이해하기

믿음의 선한 싸움을 싸우라 … 딤전 6:12

    그리스도인들이 싸우도록 부르심 받은 싸움은 오직 믿음의 싸움뿐입니다. 만약에 우리가 다른 싸움을 하고 있다면 우리는 잘못된 싸움을 하고 있는 것입니다. 우리는 잘못된 싸움에서 빠져나와 올바른 싸움 안으로 들어가야 합니다.

    어떤 그리스도인들은 이렇게 말합니다. "나는 마귀와 싸울 것이다." 그럴 필요가 전혀 없습니다. 예수님께서 이미 그를 패배시켰습니다. 어차피 그는 당신과 싸울 상대가 되지 않습니다. 예수님께서 이미 당신을 위해서 사탄을 패배시켰기 때문에 당신은 마귀와 싸울 필요가 없습니다.

어떤 사람들은 이렇게 말합니다. "나는 죄와 싸울 것이다." 그럴 필요도 없습니다. 왜냐하면 예수님께서 죄에 대한 해결책이기 때문입니다. 죄에 대한 해결책은 바로 예수님입니다. 하나님을 찬양합니다! 예수님께서 자기 자신을 히브리서 9장 26절대로 희생하심으로써 죄를 제거하셨습니다. 그래서 **죄의** 문제는 더 이상 존재하지 않습니다. 이제 남은 것은 **죄인의** 문제일 뿐이고 죄인을 예수님께 데리고 가면, 예수님께서 그 문제를 해결하십니다.

믿음의 싸움에서 싸우라고 분부 받은 믿음의 적들이 있습니다. 만약에 믿음에 대한 적이나 방해물이 없었다면 싸움자체가 없었을 것입니다.

믿음의 방해물들

우리는 하나님의 말씀에 대한 무지로 인하여 존재하는 믿음의 방해물들을 보았습니다. 로마서 10장 17절은 "믿음은 들음에서 나며 들음은 그리스도의 말씀으로 말미암았느니라"라고 말합니다.

사람들은 "내게 필요한 것은 믿음이야."라고 말하면서 자주 믿음을 갖기 위해 기도합니다.

하나님의 말씀에 대한 지식이 올 때 믿음은 자동적으로 옵니다. 당신은 믿음을 위해 영원토록 기도한다 해도, 당신이 하나님의 말씀에 대한 지식을 구하지 못했다면 당신은 절대로 믿음을 얻을 수 없습니다. 믿음은 들음에서 나며 들음은 그리스도의 말씀으로 말미암기 때문입니다(롬 10:17). 만약에 당신이 믿음을 다른 방법으로 구할 수 있다면 이 말씀은 거짓이 됩니다. 그리고 만약에 성경에 있는 한 구절이라도 거짓말이었다면 성경 전체가 거짓말이 됩니다. 그러나 저는 성경의 모든 것이 진리임을 기뻐합니다.

보시다시피 믿음의 가장 커다란 방해물은 하나님의 말씀에 대한 이해 부족입니다. 이 장에서 살펴볼 방해물은 많은 사람들을 사로잡고 있습니다. **하나님의 말씀대로 행동하는 방법**에 대한 이해 부족으로 우리의 믿음이 사로잡혀 있습니다.

믿으려고 노력하는 것

어떤 그리스도인들은 믿으려고 노력합니다. 그리고 그들의 노력은 너무나 힘든 것입니다. 그들은 "믿음을 가지려고 **노력 중입니다**."라고 하거나 "믿으려고 **노력합니다**."라고 말합니다. 그들에게 필요한 단 한 가지는 하나님의 말씀대로 행동하는 것뿐입니다. 만약에 우리가 하나님의 말씀이 진리인 것을 알고 **그대로** 행동한다면 그것이 우리 삶 속에 실재가 됩니다.

진짜 믿음은 하나님의 말씀에 대한 지식의 결과입니다. 믿음을 얻기 위해서 사람의 지성이나 의지 부분의 노력은 필요 없습니다. 하나님의 말씀의 빛이 오는 즉시 믿음은 그곳에 있습니다. 믿음은 지식의 부산물입니다. 다시 말해서, 믿음은 지식을 동반합니다. 하나님의 말씀에 대한 지식이 먼저 오고 믿음이 자동적으로 동반됩니다.

오래 전에 시편기자가 말한 바와 같습니다. "**주의 말씀**을 열면 빛이 비치어 우둔한 사람들을 깨닫게 하나이다"(시 119:130). 하나님의 말씀의 **빛**이 오는 순간 믿음은 그곳에 있습니다. 그러므로 하나님의 말씀을 먹으십시오. 하나님의 말씀을 묵상하십시오. 하나님의 말씀을 먹고 묵상하는 것이 빛을 가져올 것이고, 그 말씀이 믿음을 가져올 것입니다. 왜냐하면 믿음은 들음에서 나며 들음은 하나님의 말씀으로 말미암기 때문입니다.

저는 "믿음을 가져라." 또는 "믿어라."라고 말하는 대신 "하나님의 말씀대로 행동하라."라는 문구를 사용합니다. 믿음은 단순히 하나님의 말씀에 근거하여 **행동**하는 것이기 때문입니다.

누군가가 하나님께서 치유 사역에 크게 쓰신 레이몬드 티

리치에게 질문하였습니다. "믿음이 무엇입니까?" 그는 이렇게 대답했습니다. "믿음은 단지 하나님의 말씀에 근거하여 행동하는 것입니다." 그것이 믿음의 전부입니다. 스미스 위글스워스는 이렇게 말하곤 했습니다. "믿음은 행동이다." 믿음은 행동입니다. 하나님의 말씀에 근거하여 행동하는 것, 그것이 바로 믿음입니다. 믿음은 하나님의 말씀이 진리인 것처럼 행동하는 것입니다.

지적 동의

많은 경우 우리는 자신도 모르게 믿음을 대신할 것을 찾습니다. 우리는 "지적 동의"를 믿음대신 사용합니다. 예를 들면 우리는 지적으로 하나님의 말씀이 진리인 것을 동의하고서, 우리가 믿고 있고 믿음 안에 있다고 생각합니다. 그러나 그렇지 않습니다. 당신은 지적으로 성경이 진리라고 하루 종일 동의할 수 있지만, 말씀은 당신이 그것에 근거하여 행동하기 전까지는 **당신에게** 실재가 되지 않습니다. 당신이 하나님의 말씀에 근거해서 행동할 때만 말씀이 당신에게 실재가 되는 것입니다. 그리고 당신이 하나님의 말씀에 근거해서 행동할 때만 당신이 믿음을 행사하는 것입니다.

예를 들면 당신은 부활의 진리가 위대한 교리라고 생각할 수 있겠지만, (그리고 어떤 무리들에게는 부활이 교리 또는 정설일 뿐입니다.) 당신이 다음과 같은 고백을 마음으로 믿고 입으로 하기 전까지는 그 부활은 당신에게 아무런 의미가 없습니다. "예수님께서 나를 위해 죽으셨습니다. 예수님은 **나를** 위해서 죽음에서 부활하셨습니다! 예수님은 죽음과 지옥과 무덤을 이겨내셨고 **나를** 위해 이 모든 것을 하셨습니다! 하나님을 영원히 찬양합니다! 예수님은 사탄을 이기고 일어나셨습니다! 예수님은 부활하신 승리자입니다! 예수님은 **나를** 위해 사탄을 정복하셨습니다! 그러므로 사탄은 나를 지배할 수 없습니다! 나는 자유합니다! 하나님을 찬양합니다! 나는 자유합니다! 사탄은 더 이상 나를 지배할 수 없습니다! 나는 자유합니다!"

당신이 마음으로 믿고 입으로 고백할 때 비로소 하나님의 말씀에 있는 부활의 진리가 당신에게 교리보다, 신조보다 의미 있는 실재가 되는 것입니다. 당신이 이 성경적 진리들을 당신의 입으로 말하고 마음으로 믿을 때까지는 하나님의 말씀이 당신에게 아무런 의미가 없을 것입니다. 기억하십시오. 하나님으로부터 응답을 받는 사람들은 하나님의 말씀에 근거해서 **행하는** 자들입니다.

성경이 진리인 것처럼 행동하십시오

저는 거의 12년 동안 목회를 해오면서, 교회는 가족들로 구성되어 있기 때문에 가정 안에서 발생하는 문제들과 동일한 문제들이 교회에 있다는 것을 발견하였습니다. 가정 안에서는 재정적인 문제와 훈육의 문제가 있습니다. 교회 안에서도 재정적인 문제와 훈육에 관한 문제들이 있습니다. 당신은 사람들이 관련된 모든 문제들을 교회 안에서 볼 수 있습니다.

12년 동안 목회를 해오면서 우리는 당신의 집과 가정에서 직면할 수 있는 것과 똑같은 문제들을 대면했습니다. 인생의 위기들이 우리 모두에게 왔습니다. 그리고 만약에 인생의 위기가 닥쳤을 때 당신이 하나님의 말씀에 근거해서 행동할 줄 모른다면 당신은 불리한 상황에 놓일 것입니다.

제가 목회했던 교회에서 우리는 교회의 어떤 문제에 대해서 토의하고 있었는데 교회의 장로들이 저에게 말했습니다. "우린 이제 어떻게 할 것입니까?" 저는 그저 웃으면서 말했습니다. "우리는 그저 성경이 진리인 것처럼 행동할 것입니다." 그렇습니다. 그저 성경이 진리인 것처럼 행동하면 됩니다! 그리고 제가 이 말을 했을 때 장로들은 안도의 한숨을 쉬었습니다! 왜냐하면 그들은 성경이 진리임을 알고 있었기 때문입니다.

만약에 당신이 하나님의 말씀이 진리인 것을 알고 그 말씀이 진리인 것처럼 행동한다면 성경은 당신의 삶 속에서 실재가 될 것입니다. 당신은 하나님을 당신의 삶의 현장으로 모셔 올 것입니다!

가정 안에서는 여러 가지 문제들이 일어납니다. 그리고 친척들 사이에서도 어려운 문제들이 일어납니다. (저는 여기서 저의 가족을 얘기하고 있는 것이 아닙니다. 저희는 자녀들에게 하나님의 말씀대로 행동하라고 가르쳤고 그들은 그렇게 했습니다.)

가끔은 교회에서 일어나는 문제들과 상황들도 어려워 보입니다. 그리고 가끔은 그리스도인들이 (성령 충만한 그리스도인들마저도) 이 문제들을 감당할 수 없어 당황하며 제게 이렇게 말하곤 합니다. "우리는 이제 어떻게 하죠?" 저는 웃으면서 이렇게 말했습니다. "당신이 어떻게 할지는 모르겠지만 제가 어떻게 할지는 말해드리죠. 저는 성경이 진리인 것처럼 행동할 것입니다."

이 주제와 관련된 한 특별한 일이 생각납니다. 이 일은 저의 맏형이 구원받자마자 일어난 일입니다. (그는 제가 하나님의 말씀에 근거해서 행동하고 그의 삶을 붙잡고 있던 사탄의 능력을 깨부수고 그의 구원을 주장했기 때문에 구원받았습니다.) 그는 이 일이 일어났을 때 주 안에서 거듭난 지 몇 주밖에 안됐습니다.

저는 어머니의 사업 업무를 대신 관리해 드리고 있었는데, 한 번은 어머니를 위해 꼭 처리해야 할 일이 있었음에도 불구하고 달라스에서 열리던 부흥회에서 하루에 두 번씩 예배를 드리느라 그 일을 할 수 없었습니다. 제 형 더브는 우리의 90살 된 할아버지를 돌아가시기 전에 보고 싶어 하던 터라, 자기가 친척들을 돌보고 그 일을 대신 처리해 주겠다고 하였습니다.

그 일을 처리하기 위해서는 다루기 어려운 친척들과 관계를 가져야 했습니다. 제 형 더브가 그들을 방문하고 돌아와서 이렇게 말했습니다. "세상에, 나 정말 큰일 날 뻔했어." 친척들 중 한 명이 그를 거칠게 대했던 것입니다.

제 형은 계속해서 말했습니다. "내가 그 친척 분께 이렇게 말했어. '만약에 당신이 하나님을 알거나 그분에 관한 어떤 지식이라도 알고 있다면 당신은 하나님께 제가 예전과 같지 않음을 감사해야 합니다. 예전의 저였더라면 이미 당신을 혼내 주었을 겁니다.'" (그는 진실을 말하고 있었습니다. 그는 분명히 그렇게 했을 것입니다!)

제 형이 그 친척에게 이렇게 말했습니다. "저는 이제 구원받았고 더이상 싸우지 않기로 하였습니다. 나는 당신과 싸우지 않을 것이지만 만약에 당신이 제게 덤빈다면 저는 당신을 떼어낼 것입니다. 그리고 제가 당신을 떼어내야 한다면 당신은 다치지 않도록 기도해야 할 것입니다!" 그 친척은 더브와 싸우지는 않았지만 그에게 많은 욕설을 퍼부었습니다.

주님께서 당신을 위해 일하시게 하기

저는 제 형에게 말했습니다. "더브형, 내가 거기 가서 그 일을 마무리할게. 형은 그리스도인이 된지 얼마 안 됐기 때문에 주님이 형을 위해 일하시게 하는 방법을 모르는 게 문제야."

지난 세월 동안, 저는 주님께서 저를 위해 일하시도록 내어드리면서 정말 생애 제일 좋은 시간들을 보냈습니다. 그저 그분과 그분의 말씀이 일하도록 내어드리는 것입니다. 성경에 "전쟁은 여호와께 속한 것인즉…"(삼상 17:47)이라는 말씀이 있습니다. 저는 그분이 제 모든 전쟁을 싸우도록 내어드립니다. 저는 아무 전쟁도 하지 않습니다. 전쟁은 주님의 것이지만 그 승리는 우리의 것입니다. 역대하 20장 15절이 말합니다. "…너희는 이 큰 무리로 말미암아 두려워하거나 놀라지 말라 이 전쟁은 너희에게 속한 것이 아니요 하나님께 속한 것이니라."

제가 하나님의 말씀이 저를 위해 일하도록 내어드릴 때 그 말씀이 저를 대신해서 싸웁니다.

그래서 저는 구원받은 지 50년 이상 되었지만 한 번도 전쟁을 치러본 적이 없습니다.

제가 믿음에 대해서 배우고 성경이 "이미 믿는 우리들은 저 안식에 들어가는도다…"(히 4:3)라고 말하는 것을 배운 이후로 저는 줄곧 안식의 상태에 있습니다.

말씀이 말하는 것을 붙잡으십시오. "이미 믿는 우리들은 저 안식에 들어가는도다." 우리가 두려움의 상태나, 걱정하는 상태나, 불평하는 상태나, 싸우는 상태에 들어간다고 말하지 않은 것에 주목하십시오. 그렇습니다! 말씀은 우리가 안식에 들어갔다고 말합니다.

승리 안에서 걷기

저는 50년 이상 안식의 상태에 있습니다. 저는 그 어떤 전쟁도 치르지 않았습니다. 저는 단지 하나님의 말씀이 저를 위해 일하도록 했을 뿐입니다. 어떤 사람들은 죽을 것같이 자기 자신과 전쟁을 치릅니다. 그들은 항상 어떤 종류의 전쟁을 하고 있습니다.

어떤 사람들은 내게 이렇게 묻습니다. "전쟁이 어떻게 진행되고 있습니까?" 저는 항상 이렇게 대답합니다. "승리가 너무나 달콤합니다!" 할렐루야! 전쟁은 없습니다. 저는 승리를 즐기고 있습니다. 믿음은 항상 좋은 소식을 전합니다.

제가 저의 형 더브에게 했던 말로 다시 돌아가 보겠습니다. 저는 그에게 말했습니다. "형은 주님께서 형을 위해 일하시도록 하는 방법을 모르고 있어. 성경에서 요한일서 4장 4절이 '너희 안에 계신 이가 세상에 있는 자보다 크심이라.' 고 말하고 있어. 형, 나는 그 성경구절이 진리인 것처럼 행동할거야. 형에게 말씀을 어떻게 실천하는지 보여 주고 싶어. 어떻게 말씀이 형을 위해 일할 수 있게 하는지 말이야."

저는 계속해서 말했습니다. "성경에서 형 안에 계신 이가 세상에 있는 자보다 크다고 말할 때 '형 안에 계신 이' 는 하나님, 곧 성령님이야. 그리고 '세상에 있는 이' 는 마귀, 곧 이 세상의 신이지. (고린도전서 4장 4절은 그를 세상의 신이라고 말합니다)"

"나는 내 안에 계신 하나님께서 마귀보다 훨씬 크다는 것을 믿어. 형도 그것을 믿어? 나는 내 안에 계신 성령님께서 세상에 있는 마귀보다 훨씬 위대하다는 것을 믿어. 하나님의 말씀이 그렇게 말하니까."

진리의 온전한 영향을 보기 위해 요한일서의 아래 구절들을 봅시다.

사랑하는 자들아 영을 다 믿지 말고 오직 영들이 하나님께 속하였나 분별하라 많은 거짓 선지자가 세상에 나왔음이라 이로써 너희가 하나님의 영을 알지니 곧 예수 그리스도께서 육체로 오신 것을 시인하는 영마다 하나님께 속한 것이요 예수를 시인하지 아니하는 영마다 하나님께 속한 것이 아니니 이것이 곧 적그리스도의 영이니라 오리라 한 말을 너희가 들었거니와 지금 벌써 세상에 있느니라 자녀들아 너희는 하나님께 속하였고 또 그들을 이기었나니 이는 너희 안에 계신 이가 세상에 있는 자보다 크심이라 요일 4:1-4

전쟁은 이미 이겼습니다

첫 세 구절에서 요한은 악한 영들과 귀신들에 대해서 말하면서 우리가 "그들을 이기었나니"라고 말하고 있습니다. 우리가 악한 영들과 귀신들을 **이기게 될 것이라고** 말하고 있지 않는 것에 주목하십시오. 우리가 그들을 **이미 이겼다고** 말하고 있습니다. 다시 말해서, 악한 영들과 귀신들과 이 세상에 존재하는 모든 능력을 이긴 승리는 이미 당신을 위해서 이루어졌습니다. 전쟁은 이미 치뤄졌고 그 전쟁은 이미 이긴 것입니다! 전쟁은 이미 이겼기 때문에 당신은 전쟁에서 싸울 필요가 없습니다.

요한은 믿는 자는 모든 귀신과 악한 영을 이겼다고 입증하고 있습니다. 이 성경구절들은 믿는 자가 어떻게 그들을 이겼는지 정확히 말해주고 있습니다. 왜냐하면 "너희 안에 계신 이가 세상에 있는 자보다 크심이라"라고 성경이 말하기 때문입니다.

골로새서 1장 27절이 말합니다. "…이 비밀은 너희 안에 계신 그리스도시니 곧 영광의 소망이니라." 성령의 능력으로 그리스도는 당신 안에 거하고 계십니다. 예수님은 모든 귀신들과 악한 영들을 패배시켰습니다. 예수님께서 하신 모든 일들은 당신을 대신해서 하신 것입니다. 예수님께서 하신 모든 일들을 하나님께서는 **당신의 공적**credit으로 표시하셨습니다!

이 진리가 당신 속 깊이 스며들게 하십시오. 이해가 되십니까? 이것이 바로 하나님께서 예수님의 승리를 바라보시는 관점입니다. 그리고 마귀도 이와 같은 관점으로 보고 있습니다. 사탄은 예수님의 승리를 통하여 당신이 그를 이겼음을 알고 있습니다. 그러나 당신이 그 사실을 모르는 이상 사탄은 당신을 이용할 수 있습니다.

더 크신 분

그래서 저는 더브에게 말했습니다. "내 안에 계신 이가 세상에 있는 자보다 훨씬 더 크셔. 내 안에 계신 하나님께서, 내 안에 계신 예수님께서, 내 안에 계신 하나님의 영이 우리의 친척들 안에 거하고 있는 마귀의 영보다 훨씬 커. 왜냐하면 하나님의 사랑이 내 심령에 성령으로 부어졌고(롬 5:5), 내 안에 있는 그 사랑이 그들 안에 있는 증오보다 훨씬 크고 위대하기 때문이야."

제 90살 된 할아버지는 돌아가시기 직전이었고 이미 친척들은 누가 무엇을 물려받게 될 것인지에 대해서 다투고 있었습니다. 구원받지 못한 자들은 이기적이기 때문에 그렇게 행동합니다.

저는 아침 예배를 마친 후 30마일 떨어진 달라스에 운전해서 가서 가정 일을 직접 해결하기로 결정했습니다. 떠나기 전에 어머니께서는 "아들아, 문제에 휘말리지 말아라. 나는 무엇을 얻는 것에는 아무런 관심이 없다. 나는 오직 아버지가(제 외할아버지) 다시 건강을 회복하시길 바랄 뿐이야. 친척들 일에 관여하면서 문제에 휘말리지 말아라."라고 말씀하셨습니다.

"어머니, 내게 아무 일도 없을 거예요."

어머니께서 말씀하셨습니다. "하지만 친척들 중에 누가 더브를 때릴 뻔 했잖아."

"저는 더브가 아니고 그들은 저를 때릴 수 없어요. 제 안에 계신 하나님께서 그들 안에 있는 마귀보다 훨씬 크시니까요."

저는 말했습니다. "저게 아무 일도 없을 거예요. 제게는 어떤 문제도 일어나지 않을 거예요."

저는 도착해서 차를 할아버지가 주차하시던 곳에 세웠습니다. 더브와 많은 문제를 일으켰던 남자는 바로 옆집에 살고 있었습니다. 그의 아내가 제 차를 봤을 때 그녀는 자기 뒷마당으로 저를 불렀습니다.

그리고는 말하기 시작했습니다. "켄, 자네한테 말하는데… 자네한테 말하는데…" 그리고 그녀는 말하면 말할수록 더 호통을 치고 고함을 질렀습니다. 저는 그런 그녀가 너무나 가여웠습니다.

마귀의 자녀

저는 생각했습니다. '오, 주님, 주님. 이 가여운 영혼을 보십시오. 그녀는 마귀의 자녀이기 때문에 마귀의 본성을 가지고 있을 수밖에 없습니다. 증오와 이기심으로 가득 차 있고 그녀가 무엇을 얻을 수 있는지 또 다른 누가 자기보다 더 많은 재산을 얻을까봐 걱정하고 있습니다.'

저는 그녀가 너무나 가여웠습니다. 그녀는 어쩔 수 없었습니다. 그녀는 마귀의 자녀였기 때문에 그녀 안에 마귀의 본성을 가지고 있는 것을 어쩔 도리가 없었습니다.

저는 그녀에게 한 마디도 하지 않았습니다. 저는 그저 주님께 제 마음으로 이렇게 말했습니다. '하나님, 감사합니다. 더 크신 분이 제 안에 있습니다.' 저는 단지 더 크신 분이 내 안에 계신 것처럼 행동했습니다. 그리고 그분은 훨씬 더 크십니다. 그분은 그녀 안에 있는 마귀보다 크십니다. 내 안에 거하는 하나님의 사랑이 그녀 안에 있는 증오심보다 큽니다. 제가 말한 대로, 저는 그녀가 가여웠습니다.

그녀가 땅을 보며 더 시끄럽게 호통치고 고함을 지르며 옛날 텍사스 지역의 욕을 하다가 갑자기 저를 올려다보았습니다. 그녀가 제 얼굴을 보았을 때 사랑과 동정심으로 제 얼굴이 가득 차 있었나봅니다. 그녀는 갑자기 말을 그쳤습니다. 아무 말도 그녀의 입에서 나오지 않았습니다.

그녀는 손을 뻗어 제 손을 잡고 무릎을 꿇고 울었습니다. "오, 하나님, 당신의 손을 내 머리에 얹고 기도해 주세요. 저같이 불쌍한 영혼은 무언가가 필요합니다. 오, 나의 하나님, 나를 위해 기도해 주세요!"

그 때까지 저는 한 마디도 하지 않았습니다. 제가 한 일은 단지 성경이 진리인 것처럼 행동한 것뿐이었습니다. 그리고 그것은 진리입니다. 주님을 찬양합니다! 제 안에 있는 이가 세상에 있는 자보다 크십니다!

그녀는 말했습니다. "우리는 우리가 속아서 불이익을 당하는 것을 원하지 않지만, 이제는 당신 어머니가 속아서 불이익을 당하는 것도 원치 않아요."

내부 정보 Inside Information

"저희 어머니 걱정은 마세요." 저는 말했습니다. "제가 '내부 정보inside information'를 가지고 있기 때문에 어머니는 자기의 몫을 모두 받으실 것입니다."

"오, 당신이 그런 정보를 가지고 있어요?"

"네, 그렇습니다." 저는 그녀에게 '내부 정보'가 무엇인지 말하지 않았습니다. 저는 이 정보가 성경 **안에** 있고 제 **안에** 있다는 것을 말하지 않았습니다.

그녀는 직장에 있던 남편에게 전화하여 집으로 오게 하였습니다. 불과 하루 전만해도 욕설을 퍼붓던 그는 너무나 미안해했습니다. 그는 말했습니다. "이제 우리는 우리 입장만 생각하지 않네."

저는 그가 거짓말을 하고 있다는 것을 알았습니다. 나는 그들이 할아버지께서 돌아가시는 순간 법적 조치를 취해 할아버지의 모든 재산을 가지려고 하는 것을 알고 있었습니다.

그는 계속해서 말했습니다. "제 아내로부터 당신이 '내부 정보'를 가지고 있다는 말을 들었네."

"네, 확실히 그렇습니다. 저는 '내부 정보'를 가지고 있습니다."

그는 태도를 바꾸고 이렇게 말했습니다. "당신 어머니께서 받으실 만큼의 몫은 내가 보장하겠네."

"네, 그렇게 하시죠."라고 제가 말했습니다.

그리고 당연히 그들은 말한 대로 했습니다. 어머니께서는 자신의 몫을 받으셨습니다. 하나님을 찬양합니다.

저는 더 크신 분이 우리 안에 살고 있다는 것을 믿습니다. 저는 그분이 마귀보다 크시다는 것을 믿습니다. 저는 하나님의 말씀이 그렇게 말하고 있는 것을 알기 때문에 반드시 그것이 진리인 것처럼 행동해야 합니다. 제가 하나님의 말씀이 진리인 것처럼 행동할 때 비로소 말씀이 내 삶 속에 **실재**가 됩니다. 그 때 더 크신 분이 저를 위해서 일하기 시작하십니다.

만약에 반드시 내가 이 전쟁을 싸워야 하는 것처럼 행동한다면, 그분은 싸우실 수 없습니다. 만약에 내가 그 전쟁을 싸운다면, 나는 더 크신 분과 그분이 나를 위해서 이미 이루신 일들을 활용하고 있지 않는 것입니다. 이해가 되십니까? 그래서 저는 상황을 파악하려고 하지 않습니다. 저는 단지 누워서 자고 더 크신 분이 저의 전쟁들을 대신 싸워주시도록 내어드립니다. 하나님을 찬양합니다. 저는 지금 무슨 일이 일어나고 있는지 관심이 없습니다. 이것이 제가 취하는 태도입니다.

어려움을 겪고 있는 교회들

제가 목회를 해 온 수년 동안 하나님께서 저를 보내신 교회들은 대부분 어려움을 겪고 있는 교회들이었습니다. 어떤 한 교회에서 목회를 하기로 결정했을 때 그 교회의 모든 안팎의 사정들을 모르고 있던 것이 저에게는 좋은 일이었을 것입니다. 저는 그 목회직을 받기 위해 지원하지 않았습니다. 저는 그 교회에서 집회를 한 적이 있었고 그 교회의 위원회는 자신들의 목사가 떠나게 되어 저에게 교회를 맡아달라고 부탁했습니다. 그들이 저에게 연락하기 전에 하나님께서 이미 저를 다루셨기 때문에 저는 그 사역을 받아들이기로 결정했습니다.

나중에 저는 아무도 이 교회를 맡고 싶어 하지 않았다는 것을 알았습니다. 그러나 우리가 그 교회를 맡은 이후로 하나님께서는 우리 교회를 축복하셨고 교회는 좋게 변화되었습니다. 제가 그 교회를 떠날 때는 40명의 설교자들이 그 교회의 목회자로 지원했습니다.

그러나 제가 그 교회에서 목회를 하는 동안 저는 아무런 어려움도 없었습니다. 가끔 문제가 일어나면 저는 사람들에게 말했습니다. "저는 이 문제들에 상관하지 않겠습니다. 이 문제들은 저에게 아무런 영향도 끼칠 수 없습니다." 저는 교회의 장로들이 교회 뒷마당에서 주먹싸움을 하는 일이 있더라도 이 작은 문제들에 상관하지 않겠다는 의미였습니다. 저는 그들이 싸우도록 그대로 내버려 두었을 것입니다. 저는 그들을 말리려고 나가지도 않았을 것입니다. 저는 그들이 싸움을 마쳤을 때 나가서 그들과 기도하고 그들의 관계를 회복하고 우리가 다 함께 하나님과 동행할 수 있도록 했을 것입니다.

염려를 주께 맡기기

베드로전서 5장 7절은 "너희 염려를 다 주께 맡기라 이는 그가 너희를 돌보심이라"라고 말합니다. 확대번역 성경을 봅시다.

너희의 모든 염려를 – 모든 염려와 모든 걱정과 모든 고민을 – 한 번에 주께 맡겨라 이는 그가 너희를 사랑스럽게 돌보시고 너희를 관찰하며 돌보시기 때문이라 벧전 5:7

저는 그렇게 했습니다. 하나님께서 저의 모든 염려를 가지고 계십니다. 그는 이미 그 모든 문제들을 파악하셨고 그 염려들을 해결하시는 중이며, 그 분이 일하시는 동안 저는 외치고 있습니다! 하나님께서 일하고 계시며 저는 외치고 있습니다. 주님을 찬양합니다!

만약에 당신이 밤에 깨어서 하나님을 위해 상황을 파악하려고 하고 하나님께서 어떻게 당신의 문제를 해결하실지 고민한다면, 하나님께서 당신의 짐을 가지고 계신 것이 아니라 아직도 당신이 가지고 있는 것입니다.

믿음의 삶은 이 세상에서 가장 아름다운 삶이며 바로 하나님께서 우리가 살기 원하시는 삶입니다. "의로운 자는 믿음으로 말미암아 살리라"(롬 1:17). 그리고 하나님께서는 우리가 믿음으로 행하기를 원하십니다. "이는 우리가 믿음으로 행하고 보는 것으로 행하지 아니함이로라"(고후 5:7).

하나님의 말씀에 근거하여 행동하는 사람만이 결과를 얻습니다. 당신이 믿음을 행동하는 것입니다. 당신이 믿음을 말하는 것입니다. 당신의 행동과 당신의 말들은 당신이 믿는 자라는 것에 동의해야 합니다. 당신이 믿음을 말하면서 행동하지 않는다면 그것은 아무 소용이 없습니다. 그리고 만약에 믿음을 행동하면서 말하지 않는 것이 가능하다고 해도 그것 또한 아무 소용이 없습니다. 당신의 말과 행동이 일치하도록 하십시오.

어떤 사람들은 한 순간에 이렇게 말합니다. "나는 하나님께서 나의 필요를 채우실 것을 믿고 있어." 그러나 바로 다음 숨을 쉴 때 그들은 이렇게 말합니다. "이제 보니 내 차를 반납해야 될 것 같네. 할부금을 제 때에 내지 못하고 있어." 한 순간에는 그들이 믿음을 말하는 것 같지만 얼마 되지 않아 그들의 행동이 믿음으로 말하고 있지 않았다는 것을 증명해 줍니다.

사람들은 심지어 하나님의 말씀을 인용하면서 말합니다. "저는 하나님께서 빌립보서 4장 19절에서 '나의 하나님이 그리스도 예수 안에서 영광 가운데 그 풍성한 대로 너희 모든 쓸 것을 채우시리라' 고 말하는 것을 알고 있습니다. 저는 주님께서 우리의 모든 필요를 채워주실 것을 믿지만, 이제 보니 우리 전화를 끊어야 할 것 같습니다. 전화비를 못 내게 됐어요."

처음에는 이 사람들이 믿음을 말하는 것처럼 들렸습니다. 그들은 성경구절도 인용했습니다. 그러나 이것은 진짜 믿음이 말하고 있는 것이 아니었습니다. 그들은 단지 지적으로 이 성경구절이 성경 안에 있다고 인식했을 뿐이었습니다. 그들은 지적으로 말씀이 진리라고 동의했지만 그런 것처럼 행동하지는 않았습니다. 결과를 얻기 위해서는 반드시 하나님의 말씀이 진리인 것처럼 행동해야 합니다!

예레미야 1장 12절에서 말합니다. "여호와께서 내게 이르시되 네가 잘 보았도다 이는 내가 내 말을 지켜 그대로 이루려 함이라 하시니라." 킹제임스 번역본은 "내가 내 말들을 지켜보고 그대로 행하리라."고 말합니다. 당신이 하나님의 말씀을 받아들이고 그대로 행한다면, 하나님께서 그 말씀을 지켜보고 계시며 그 말씀이 당신의 삶 속에서 선한 일을 이루는 것을 확신할 수 있습니다!

말씀대로 행하기

당신이 해야 할 일은 말씀대로 행동하는 것입니다. 당신이 이 단순한 교훈을 배우는 것은 매우 중요합니다. 왜냐하면 힘들어하는 것도, 우는 것도, 걱정하는 것도 결과를 가져오지는 못합니다. 오직 하나님께서 말씀하신 것을 그대로 행하는 것만이 결과를 가져옵니다.

40년 전에 저는 텍사스 주 서부에 있는 순복음 교회에서 집회를 열고 있었습니다. 그 때는 지금 알고 있는 것만큼은 알지 못했지만, 반면 이 특정한 상황에서는 당시 제가 행했던 것보다 더 많은 것들을 알고 있었습니다.

만약에 당신이 의심과 불신앙으로 가득 찬 사람들과 함께 하고 있다면 (그리스도인들도 포함해서) 그 의심과 불신앙이 당신에게 묻어오기 쉽습니다. 그리고 만약에 당신이 조심하지 않는다면 무의식적으로 그들의 말과 태도를 따라하게 됩니다.

어느 날 아침, 이 순복음 교회 목사님이 제 침실 문을 두드리고 제 아내가 전날 밤에 속달 항공우편으로 부친 편지를 건네주었습니다. 제 아내는 우리 두 아들이 아프다고 전했습니다. 그녀는 며칠을 밤낮으로 그들과 함께 있었고 지치고 갈급했습니다. 그 때 우리는 재정적으로도 힘들었습니다.

때마침 아내의 편지를 받은 그날이 그 교회 목사님이 정기적으로 심방하시는 날이었습니다. 목사님과 사모님은 하루 종일 교회 성도들을 방문했습니다. 그래서 제가 하루 종일 혼자 지낼 수 있게 되었습니다. 그들이 떠난 후 저는 제 성경책과 편지를 가지고 교회로 갔습니다. 저는 강단 앞에 무릎을 꿇고 편지를 주님께 읽었습니다.

기도하며 씨름하다

"주님," 저는 말했습니다. "제 아이들이 아픕니다. 저의 불쌍한 아내는 밤낮으로 아이들과 지새면서 육체적으로 지쳐있습니다. 그녀는 도움과 휴식을 필요합니다. 그리고 우리는 재정적인 필요들이 절실합니다. 저는 지금 이곳에 나와 있고 필요하다면 하루 종일 이곳에 있을 것입니다." (제가 이 기도를 하며 힘들어하고 씨름하고 있는 것을 볼 수 있습니다.)

"저는 끝까지 기도할 것입니다." 저는 하나님께 말했습니다. "제 아이들이 치유되고 재정적인 필요들이 채워질 때까지 기도할 것입니다."

저는 기도하고, 기도하고, 또 기도했습니다. 그러나 제가 오래 기도하면 할수록 해답으로부터 멀어지고 기분이 더 안 좋아졌습니다.

저는 강단 앞에서 무릎을 꿇고 기도하고 있었습니다. 저는 통로들을 걸어 다니면서 기도했습니다. 저는 한 시간 반 동안 기도하면서 걷고, 강단을 치고, 발로 차면서 제가 본 순복음 사람들이 하는 모든 것들을 해보았습니다.

저는 **'만약에 그들이 이렇게 했을 때 효과가 있었다면 나한테도 효과가 있겠지.'** 라고 생각했습니다. 그러나 한 시간 반 뒤에 제가 얻은 결과는 제가 너무 많은 육체적 힘을 써버려서 스스로를 지치게 한 것뿐이었습니다.

저는 포기하고 숙소로 돌아가 물을 마셨습니다. 그러나 그곳에 앉아서 제 가족들에 대해 생각하며 저는 이렇게 말했습니다. "나는 이렇게 쉽게 패배당할 수 없다." 그래서 저는 일어나 다시 교회로 돌아갔습니다.

강단 앞에서 다시 무릎을 꿇고 저는 그 편지를 주님께 읽으면서 말했습니다. "주님, 저는 필요하다면 이곳에 하루 종일 남아 있기로 마음을 먹었습니다. 제 아이들이 치유 받고 재정적인 필요들이 채워졌다는 것을 알 때까지 여기서 기도하겠습니다."

그래서 저는 다시 기도를 시작했습니다. 그리고 한 시간 반이 지난 후에 지치고 말았습니다. 그리고 세 번째로 저는 똑같은 과정을 다시 반복했습니다.

결국, 네 시간이 지나고, 저는 넓은 강단에 지쳐 누워있었습니다. 제 손은 머리 아래에 있었고 저는 천장을 바라보고 있었습니다. 그러나 저는 조용해졌습니다.

하나님으로부터 듣다

구약에는 이런 성경구절이 있습니다. "너희는 가만히 있어 내가 하나님 됨을 알지어다"(시 46:10). 많은 경우 우리는 주님 앞에 조용해지지 않기 때문에 하나님께서 우리 안에서 말씀하시려고 하는 것을 듣지 못합니다. 당신이 손과 발로 분주하게 할 수 있는 것같이 당신의 생각으로도 시끄럽게 해서 하나님의 음성을 들을 수 없게 할 수 있습니다. 몸이 조용해지도록 잠잠케 하는 것은 쉬운 일이지만 당신의 생각을 멈추게 하는 일은 어렵습니다. 당신은 "머리" 문제를 가져본 적이 있습니까? "머리" 문제는 몸은 조용해졌지만 생각은 계속 지속되는 것을 말합니다. 기도하려고 앉으면 간혹 이런 일이 있습니다.

강단에 누워 있으면서 저는 드디어 조용해졌습니다. 저의 몸은 조용했고 저의 생각도 조용해졌습니다. 그 때 저는 하나님의 영이 그 오랜 시간 동안 저의 주의를 끌어 저에게 무엇인가를 전달해주길 원하셨다는 것을 확신합니다. 그러나 네 시간 동안 저는 너무 분주하고 시끄럽게 만들고 있어서 하나님으로부터 들을 수가 없었습니다! 어떤 사람들은 그들 자신의 생각과 육체적 노력들로 너무 바쁘기 때문에 하나님으로부터 절대 듣지 못합니다.

제가 조용해졌을 때 제 안에서 이 말을 들었습니다. "여기 나와서 왜 이러고 있느냐?" (저는 이 음성이 성령님의 "세미한 음성"이 저에게 단도직입적으로 말하고 계신 것임을 깨달았습니다.)

저는 자존심이 상했습니다! 일어나 앉아 그 편지를 잡은 손을 흔들면서 이렇게 말했습니다. "주님, 저는 이 편지를 주님께 세 번씩이나 읽어드렸습니다. 아직도 이해를 못하십니까? 제 아이들은 아프고 제 불쌍한 아내는 그들과 함께 삼일 밤낮을 지새웠습니다. 이제 지칠 때로 지쳐있다고요. 우리의 재정적인 필요도 정말 절실합니다. 그런데도 주님께서는 제가 왜 여기서 이러고 있는지를 물으십니까?" 저는 제가 한 말이 전달된 줄 알았습니다! (그러나 사실은 그렇지 않았습니다.)

저는 강단 위에 누워 이 정도면 될 거라고 생각하며 다시 조용해졌습니다. 그리고 저는 제 안에서 음성을 들었습니다. "여기 나와서 왜 이러고 있느냐?"

저는 다시 일어나 편지를 붙잡고 말했습니다. "주님, 제가 이미 말했잖아요! 주님께 이 편지를 세 번이나 읽어드렸고 뭐라고 쓰여 있는지 전해드렸습니다. 더 이상은 읽어드리지 않겠습니다. 이해하지 못하십니까? 제 아이들이 아픕니다. 제 불쌍한 아내는 혼자서 그곳에 있습니다. 그녀는 밤낮으로 아이들을 돌보고 있고 이제 지쳐있습니다. 우리는 재정적인 필요가 절실합니다. 그런데도 주님께서는 제가 여기서 왜 이러고 있는지 물으십니까?"

저는 이쯤이면 하나님께 이해시켜드리기에 충분하다고 생각했고 다시 강단에 누워 조용해졌습니다.

그리고 세 번째로 저는 제 안에서 똑같은 음성을 들었습니다. "여기서 왜 이러고 있느냐?"

이번에는 강단 위에 서서 편지를 주님께 흔들었습니다. "주님, 이 편지를 주님께 세 번이나 읽어드렸습니다. 주님께 편지에 뭐라고 써 있는지 전해드리는 것이 이번이 세 번째입니다. 이해 못하십니까? 제 아이들은 아프고 제 불쌍한 아내는 혼자서 아이들과 함께 있습니다. 그녀는 밤낮으로 아이들과 함께 있고 지칠 때로 지쳐있습니다. 우리는 재정적인 필요들이 있습니다." 그리고 저는 멈췄습니다.

제가 그렇게 했을 때 제 안에서 이런 음성을 들었습니다. "그럼 무엇을 하려고 여기에 나와 있는 것이냐?"

'끝까지 기도하는 것Praying Through' 이 무엇인가?

"주님, 저는 끝까지 기도하러 나왔습니다."
" '끝까지 기도한다' 는 것이 무엇인데?"
저는 말했습니다. "그건, 어, 음, 그게…" 생각해보니 저는 그게 무슨 뜻인지 잘 몰랐습니다. 그래서 저는 말했습니다. "순복음 사람들이 그렇게 말하는 것을 들었습니다. 그들이 쓰는 의미와 같은 것을 하려고 이 자리에 나왔습니다."

그것에 대해 생각하면서 저는 주님께 말했습니다. "제가 생각했던 것은 어떤 느낌이나 증거가 있을 때까지 기도하려고 했던 것 같습니다. 보시다시피 저는 집에서 365마일이나 떨어진 곳에 와 있고 어떤 증거가 있었으면 좋겠습니다. 제 기도가 지금 응답되고 있다는 느낌 같은 것 말입니다. 제가 무엇을 의미했는지는 모르겠지만 이 기도가 응답되면, 그러니까 제 아이들이 치유되고 우리의 재정적인 필요들이 채워지면 어떤 방식으로든 알게 될 것이라고 생각했던 것 같습니다."

하나님께서 말씀하셨습니다. "나의 말이 너에게 충분하지 않느냐?"

"오, 네, 주님. 텍사스 주 전체에도 주님의 말씀을 저 같이 믿는 사람은 없다는 것을 주님도 아시지 않습니까? 언제나 주님의 말씀에 있어서는 제가 철저한 사람이라는 것을 주님도 아십니다."

주님께서 말씀하셨습니다. "그런데 너는 내 말이 진리인 것처럼 행동하고 있지 않구나. 너는 내 말이 진리가 아닌 것처럼 행동하고 있다. 너는 마치 내가 나의 말씀에서 하겠다고 한 것을 하게 만들도록 나를 설득해야 하는 것처럼 행동하고 있다. 너는 네가 충분히 오래 기도하고 충분히 크게 기도하면 결국 내가 내 말을 지키고 거짓말쟁이가 되지 않게 될 것처럼 나를 설득시키려고 하고 있다."

그의 말씀은 충분하다

저는 그제야 깨달았습니다! 저는 부르짖었습니다. "오, 주님, 저를 용서하세요. 제가 믿지 않는 그리스도인들과 너무나

오랫동안 함께해서 불신앙이 저에게 묻어났습니다. 저는 그들의 습관과 말들을 배웠습니다. 저를 용서해주십시오. 저는 '끝까지 기도'할 필요가 없습니다. 저는 아무런 느낌도 필요하지 않습니다. 저는 그 어떤 종류의 증거도 필요하지 않습니다. 당신의 말씀은 제게 충분합니다! 주님의 말씀이 제가 필요한 전부입니다."

그러자, 주님은 제 안에서 말씀하셨습니다. "네 자녀들의 연약함을 내가 가져갔고 그들의 병을 내가 짊어졌다고 내 말씀이 말하고 있지 않느냐?"

저는 주님이 마태복음 8장 17절에 관해서 말씀하고 계신 것을 알았습니다. "우리의 연약한 것을 친히 담당하시고 병을 짊어지셨도다." 하나님께서 우리의 연약함을 담당하시고 우리의 질병을 짊어지셨다면 건강과 치유는 우리에게 또한 우리 자녀들에게 속한 것입니다. 그래서 주님은 이렇게 말씀하셨습니다. "네 자녀들의 연약함을 내가 가져갔고 그들의 병을 내가 짊어졌다고 내 말씀이 말하고 있지 않느냐?"

"분명히 그렇게 말하고 있습니다." 저는 말했습니다.

"그것이 네가 필요한 증거의 전부가 아니냐?" 주님이 물으셨습니다.

"정말 그렇습니다. 그것이 제가 필요한 전부입니다. 지금 당장 주님께서 제 기도에 응답하신 것에 감사드립니다."

말씀대로 행동하기

제가 그렇게 말한 순간 저는 하나님의 말씀대로 행동하고 있었습니다! 그 전에도 저는 기도하고 있었지만 하나님의 말씀대로 행하고 있지는 않았습니다. 저는 불신앙 안에 있었습니다. 믿으려고 고군분투하며 애쓰고 노력하는 것은 결과를 가져오지 못합니다. 하나님의 말씀대로 행동하는 것만이 결과를 가져옵니다.

저는 주님께 말했습니다. "주님의 말씀이 제가 필요한 증거의 전부입니다. 제 아이들이 둘 다 건강하기 때문에 지금 당장 주님께 감사드립니다. 당신의 말씀으로 아이들은 치유되었습니다. 주님을 찬양합니다! 할렐루야! 지금 감사드립니다."

그 순간, 무엇인가가 제 생각 속에서 이렇게 말했습니다. (저는 그것이 마귀라는 것을 알아차렸습니다.) "365마일이나 떨어져 있는데 아이들이 치유된 것을 어떻게 알지?"

저는 말했습니다. "왜냐하면 말씀이 '우리의 연약한 것을 친히 담당하시고 병을 짊어지셨도다' 라고 말하기 때문이지. 그러니까 내 자녀들은 건강해."

그 후 저는 주님께 우리의 재정적인 필요에 대해서 물었습니다. 주님께서 말씀하셨습니다. "내가 빌립보서 4장 19절에

'나의 하나님이 그리스도 예수 안에서 영광 가운데 그 풍성한 대로 너희 모든 쓸 것을 채우시리라' 라고 말하지 않았더냐?"

"주님께서 그렇게 말씀하셨습니다." 저는 대답했습니다. "그리고 주님의 말씀이 제가 필요한 증거의 전부입니다. 감사드립니다. 우리의 모든 필요가 채워졌음을 감사드립니다. 하나님을 찬양합니다! 할렐루야!"

짐이 들어 올려지다

짐이 사라졌습니다. 저는 성경책과 편지를 집어 들고 휘파람을 불며 노래하며 밖으로 나갔습니다. 잔디는 더 푸르게 보였고 꽃들도 더 예뻐 보였고 햇빛도 더 눈부셨고 모든 것이 사랑스러웠습니다.

다음날 아침, 또 다른 속달 항공우편이 아내로부터 도착했습니다. "모든 것이 괜찮아졌어요."라고 쓰여 있었습니다. 아내는 기분이 훨씬 좋아졌고 힘도 다시 생겼다고 했습니다. 그 전날 아침에 두 아이가 눈 깜빡할 사이에 순간적으로 완쾌되었습니다. 두 아이 모두! 순간적으로! 예전에 몇 번 그랬던 것처럼 병은 점차적으로 떠나가지 않았습니다. 두 아이 모두 순간적으로 건강해졌습니다! 하나님께 영광 돌립니다! 그리고 재정적인 필요들도 채워졌습니다. 주님을 찬양합니다!

우리는 하나님께서 우리 대신 싸우도록 내어드리기보다 우리 스스로 싸우려고 하는 경우가 너무나 많습니다. 우리는 그분을 도와드리고 싶어 합니다. 우리는 하나님이 어떻게 우리의 전쟁을 싸울 것인지 스스로 그 방법을 찾으려고 합니다. 우리는 애쓰고, 애쓰고, 또 애씁니다. 그리고 주님께 맡기지 않기 때문에 일은 해결되지 않습니다. 하나님께서는 우리가 내어드리기만 한다면 우리를 위해 모든 전쟁을 대신 싸우실 것입니다.

잔소리하는 아내가 변하다

어떤 여자 분이 제게 말했습니다. "해긴 목사님, 이제야 알겠어요. 이제 어떻게 하나님께서 저의 전쟁들을 대신 싸워주시도록 할 수 있는지 알겠어요. 저는 제 남편에 대해서 필요 이상으로 걱정하고 있었어요. 그는 구원 받지 못하고 헤매고 있었어요. 저는 그에게 같이 교회에 가자고 잔소리를 했지만 그는 같이 가지 않았어요. 어쩌다 한 번 제가 잔소리를 충분히 하면 주일 저녁에나 교회에 가끔 나왔어요."

"그러다가 제가 저 혼자의 능력으로 그를 구원하려고 했었다는 것을 깨달았어요. 이것을 깨닫는 순간 저는 주님께 이렇게 말했어요. '주님, 저는 그저 주님의 말씀을 근거로 행동하고 그의 구원을 주장하겠습니다. 그동안 제가 해 온 노력은 다 잊겠어요. 이제 더 이상 그를 위해 기도도 하지 않을 거예요.' 저는 잔소리도 그만두었고 3개월 동안 그를 교회에 초청하지도 않았어요. 그의 구원에 대한 생각이 들 때마다 저는 '하나님 감사합니다. 남편의 구원을 주님께 맡깁니다. 주님께서 일을 해결하고 계십니다.' 라고 말했어요."

"그 3개월 동안 저는 남편에게 하나님이나 교회나 영적인 것에 관련된 말은 단 한 마디도 하지 않았어요. 그러던 중 어느 주일 날 아침에 그는 식탁에 앉아 신문을 읽고 있었는데, 저는 식탁을 치우고 그에게 커피를 한 잔 건네주면서 그가 신문 너머로 저를 보고 있음을 알아차렸어요. 결국 그가 물었어요. '오늘 아침에는 교회에 같이 가자고 안 물어볼 거요?'"

"저는 앞으로 그에게 같이 교회에 가자고 하지 않겠다고 말했어요. 그는 왜냐고 물었고 저는 대답했지요. '이젠 영적인 것에 관해서 당신에게 관여하지 않을 거예요. 사실, 더 이상 당신을 위해서 기도하지도 않아요.'"

"'기도하지 않고 있다고?' 그가 소리쳤어요. '날 위해 기도하는 것을 포기하지 말아줘요!'"

그녀는 모든 것을 주님께 맡기고 그의 구원을 주장했다고는 말하지 않았습니다. 그녀는 단지 "이제는 더 이상 당신을 위해서 기도하지도 않아요."라고 말했을 뿐입니다. 그녀는 교회에 갈 준비를 하기 시작했고 그녀가 준비를 마치고 교회로 가려고 방에서 나왔을 때, 그곳에 그녀의 남편도 교회 갈 준비를 하고 나와 있었습니다.

"오늘 아침은 당신과 같이 갈까 봐." 그가 말했습니다.

"모두 당신에게 달려있어요." 그가 가든지 말든지 상관없다는 듯이 그녀가 말했습니다.

그러나 그는 교회에 나왔습니다. 그리고 그 다음 주일도, 또 그 다음 주일도 나왔습니다. 세 번째 주일에 그는 구원을 받았습니다!

'하나님을 돕는 것'

하나님은 그의 뜻을 이 땅에서 이루기 위해 사람들을 사용하시지만, 우리는 때로 주님의 인도 없이 하나님의 일을 대신 해드리려고 합니다. 우리가 그렇게 행동하는 것은 하나님의 일에 관심을 가지고 있기 때문이며, 우리는 그분의 일에 관심을 가져야 마땅합니다. 그러나 여기에는 아주 미세한 차이가 있습니다. 우리가 그분을 돕는 것과 그분의 길을 가로막는 것을 분별할 줄 알아야 합니다.

제 친척들을 위해 기도하는 것에 있어서, 저는 주님께서 제게 보여주실 때까지 제가 놓치고 있는 것이 무엇인지 깨닫지 못했습니다. 당신이 간구를 주님께 가져오고 그리고 그분의 말씀에 근거하여 행동할 때, 당신은 결과를 얻습니다.

예를 들면, 저는 제 맏형을 위해서 여러 번 금식하며 15년 이상을 기도해 왔습니다. 그러나 제가 금식하고 기도를 하면 할수록 그의 상태는 더 악화되었습니다. 제 기도가 그에게 어떤 영향을 미쳤는지 저는 모릅니다. 그리고 결국, 15년 뒤에 저는 거의 포기할 준비가 되어 있었습니다. 그러나 저는 성경에서 뭐라고 말하고 있는지 보기를 시작하였습니다.

기도도 옳은 것이고 금식도 옳은 것입니다. 그러나 저는 그 날 제 기도와 금식이 효력이 없음을 보았습니다. 그 이유는 제가 하나님께서 제 형의 삶 속에서 그분의 일을 이루실 것이라는 것을 진정으로 신뢰하지 않았기 때문입니다. 저는 제 스스로 하려고 하였습니다. 모두 저의 노력이었습니다. 모두 제가 무엇인가를 해야 한다는 것에서 비롯되었습니다. 마치 제가 하나님이 무엇인가를 하게 만들려고 애쓰는 것 같았습니다.

저는 저의 형 더브에 대해서 하나님께서 그 교회에서 제게 말씀하셨던 것과 똑같은 일을 행하고 있었습니다. 하나님께서는 "너는 내 말씀이 진리가 아닌 것처럼 행동하고 있다. 너는 내가 이미 하기로 약속한 것을 하도록 나를 설득시켜야 하는 것처럼 행동하고 있다."라고 말씀하셨었습니다.

제 형에 관해서 저는 이것을 알았습니다. 그리고 믿는 자들로서 우리는 권세와 능력을 가지고 있다는 것도 알았습니다. 그래서 하루는 믿는 자로서 저의 권세를 가지고 침실에서 이렇게 말했습니다. "나는 예수 이름으로 더브의 삶에 역사하고 있는 마귀의 능력을 깬다. 나는 마귀로부터 그가 자유로워졌음을 선포하고 그의 구원을 주장한다." 저는 제 성경을 집어 들고 노래하며 휘파람을 불며 그 방을 떠났습니다. "그것으로 끝이야." 저는 말했습니다. "다 끝났어. 하나님을 찬양합니다!"

저는 하나님의 말씀에 근거하여 행동하고 있었습니다. 저는 더브의 구원에 대해서 다시는 생각하거나 기도하지 않았습니다. 승리에 관해서 한 번 판결이 나면 저는 더 이상 그 일에 대해서 생각하지 않습니다. 그러나 그 다음 주에 두 번이나 마치 어떤 사람이 내게 말하고 있는 것처럼 제 생각 속에서 말했습니다. "이봐, 설마 더브가 정말로 구원을 받을 것이라고 생각하고 있지는 않겠지?"

믿음 안에 거하기

저는 방을 가로질러 걷고 있다가 멈추었습니다. 저는 그 말에 대해서 조금 생각해 보았지만 제가 무엇을 하고 있는지 알아차렸고 사탄이 제 생각에게 말하고 있음을 깨달았습니다. 그래서 저는 생각을 닫아버렸습니다. 만약에 사탄이 당신의 **논리와 생각의 영역**에서 당신을 붙잡아 놓을 수만 있다면 그는 매번 당신을 패배시킬 것입니다. 그러나 만약에 당신이 그를 **믿음의 영역** 안에서 붙잡고 있다면 당신은 매번 그를 패배시킬 것입니다.

저는 안에서부터 영으로 웃기 시작하면서 말했습니다. "아니, 나는 그가 구원받을 것이라고 **생각하지** 않아. 나는 그가 구원받을 것이라는 것을 **알고** 있어! 왜냐하면 마귀야, 나는 예수님의 이름을 가지고 네가 더브에게 역사하고 있던 너의 능력을 깨부쉈기 때문이지."

마귀는 제게 두 번이나 그 질문을 하였고 저는 그에게 똑같은 것을 두 번 말했습니다. 열흘 안에 더브는 구원받았습니다.

누군가가 제게 물었습니다. "만약에 그렇게 빨리 효과가 없었다면 어떻게 하셨을까요?" 그렇다 하더라도 저에게 아무런 영향도 미치지 않았을 것입니다. 저는 하나님의 말씀을 굳게 붙잡고 그대로 행동했을 것입니다. 만약에 100년이 걸렸다 하더라도 저는 더브가 구원받을 것이라는 것을 알았을 것입니다.

스미스 위글스워스는 이렇게 말했습니다. "당신이 하나님을 믿을 때 가끔은 하나님께서 마지막 순간까지 당신이 시험받도록 허락하십니다. 그러나 하나님은 그분의 말씀을 이루시기 위해서 그의 말씀을 지키십니다."

당신이 해야 할 일은 단지 자신에게 이렇게 질문하는 것입니다. "하나님께서 이것을 그의 말씀에서 약속하셨나?"

그분의 말씀이 진리입니까? 네, 그렇습니다. 그러면 그것이 진리인 것처럼 행동하십시오. 그러면 그분의 말씀이 당신에게 실재가 될 것입니다!

제 6 장

우리의 고백을 이해하기

믿음의 선한 싸움을 싸우라 … 딤전 6:12

 가끔 우리는 사람들이 믿음의 한 영역에서 작은 싸움을 치르거나 치유를 붙잡는 싸움을 치르고 나서 이렇게 말하는 것을 들을 수 있습니다. "내가 만약에 예수님이 이 땅에 계실 때에 그곳에 함께 있었다면 치유 받는 것은 정말 쉬웠을 거야." 그러나 당신이 사복음서로 돌아가서 읽어본다면 생각보다 쉽지 않았음을 발견할 것입니다.

 예를 들면 혈루병을 앓던 여인을 보십시오. 예수님께서 그녀에게 말씀하셨습니다. "딸아, 네 믿음이 너를 낫게 하였도다"(막 5:34). 그녀를 온전히 낫게 한 것은 예수님의 믿음도, 다른 누구의 믿음도 아닌 그녀 자신의 믿음이었습니다.

치유를 받기 위해서 이 여인은 몇 가지 방해물들을 극복해야 했습니다. 당신도 아시다시피 방해물을 극복하는 것은 언제나 세상에서 가장 쉬운 일이 아닙니다. 첫째로, 레위기에 따르면, 혈루병을 앓는 여자는 문둥병자와 같은 부류에 속했습니다. 그녀가 공공장소에 나타나 다른 사람들과 섞여 어울리는 것은 해서는 안되는 일이었습니다. 만약에 누군가가 그녀에게 가까이 다가오면 "저는 불결합니다! 저는 불결합니다!"라고 외쳐야 했습니다. 이것이 그녀가 받은 종교적 가르침 이었습니다.

그러나 이 여인은 인파 속으로 들어가 사람들과 섞여 있었고 그 많은 사람들을 가로질러 예수님의 옷을 만졌습니다. 그녀는 치유 받기 위해 "교회"의 가르침이라는 방해물을 극복해야 했습니다. 그녀는 그 방해물을 극복했습니다.

둘째로, 그 나라의 여자들은, 특히 그 당시에는 오늘날 세계 대부분의 나라와 같이 다른 사람들과 공중에서 자유롭게 어울릴 수 있는 권리와 혜택들이 없었습니다. 이 여인은 이 방해물도 극복해야 했습니다. 그녀는 하나님께 모든 방해물들을 치워달라고 기도하지 않았습니다. 그녀는 단지 모든 방해물들을 밟고 넘어섰습니다. 그녀는 그 방해물에 대해서 스스로 자신의 믿음으로 무언가를 했습니다. 그녀는 인파 속으로 들어갔습니다. 그리고 그녀가 예수님이 계신 곳에 이르렀을 때 예수님을 밀고 있는 군중의 방해물을 만났습니다.

어떻게 보면 그 군중이 바로 그녀와 치유 사이에 서 있었다고 말할 수 있습니다. 공중의 정서가 그녀와 치유 사이에 서 있었습니다. 그녀가 "교회"에서 받은 가르침이 그녀와 그녀를 치유해주실 예수님 사이에 서 있었습니다. 그러나 그녀는 자기를 위해서 하나님께 그 방해물들을 극복해달라거나 치워달라고 하지 않았습니다. 그녀는 이 방해물들에 대해서 자신 스스로 무엇인가를 했습니다. 그녀의 믿음으로 그녀는 모든 방해물들을 견뎌냈습니다.

당신도 당신이 치유 받는 길을 가로막고 있는 방해물들에 대해서 무엇인가를 해야 합니다. 저는 사람들이 실재로 이렇게 기도하는 것을 들은 적이 있습니다. "주님, 제가 축복을 받는 것이 쉬워지게 해주세요." 그리고는 하나님으로부터 아무것도 받지 못했습니다. 하나님께서는 모든 기도 응답을 믿음으로 받도록 해 놓으셨습니다. faith proposition 너무 많은 사람들이 하나님께서 모든 것을 하시길 바라면서, 그분께 받는 데에 있어서는 아무것도 하지 않고 자신에게 아무 역할도 남기지 않습니다. 그러나 하나님으로부터 기도 응답을 받는 데 있어서 우리가 해야 할 역할이 있습니다.

그리고 이 혈루병을 앓던 여인이 했던 것처럼 우리도 똑같이 극복해야 할 방해물들이 있습니다. **말씀에서는 우리에게 "믿음의 선한 싸움을 싸우라"고 말하기 때문에, 우리는 해야 할 역할이 있습니다.** 만약에 믿음에 있어서 어떤 방해물도 어떤 적도 없었다면 믿음에 대한 싸움이 없었을 것입니다.

성경은 우리에게 말합니다. "그러므로 믿음은 들음에서 나며 들음은 그리스도의 말씀으로 말미암았느니라"(롬 10:17). 그러므로 믿음의 가장 큰 방해물은 바로 하나님의 말씀에 대한 지식의 부족입니다. 정말로 필요한 것은 하나님의 말씀에 대한 지식인데 믿음을 달라고 기도하는 것은 실수입니다. 당신이 만약에 하나님의 말씀에 대한 지식을 얻는다면 당신은 믿음을 갖게 될 것입니다. 믿음은 들음에서 나고 들음은 하나님의 말씀에서 오는 것입니다.

우리가 가지고 있는 하나님의 말씀에 대한 지식이 자랄수록 우리의 믿음도 같이 자랍니다. 만약에 우리의 믿음이 자라고 있지 않다면 하나님의 말씀에 대한 지식이 자라지 않고 있는 것입니다. 제가 **성장하는 믿음**을 가지고 있지 않다면 저는 염려하게 될 것입니다.

그리스도인이 된지 수년이 된 때보다도 어린 그리스도인이었을 때 하나님을 더 믿을 수 있었다는 것은 비극입니다. 그들은 믿음 안에서 자라는 대신, 오히려 믿음이 떨어지는 것처럼 보입니다. 이래서는 안 됩니다.

왜 많은 사람들이 실패하는가

우리는 믿음의 여섯 번째 방해물들을 보고 있습니다. 물론 이 모든 방해물들은 하나님의 말씀에 대한 무지와 관련이 있습니다. 우리가 지금 살펴볼 믿음의 여섯 번째 방해물은 많은 사람들이 주님으로부터 받는 것에 실패하는 이유입니다. 성경이 "고백"에 대해서 뭐라고 하는지 이해하지 못하기 때문에 많은 사람들이 실패합니다.

우리가 "고백"이라는 말을 쓸 때, 사람들은 즉각적으로 죄를 고백하거나 실패를 고백하는 것을 생각합니다. 그리고 성경도 "만일 우리가 우리 죄를 자백하면 그는 미쁘시고 의로우사 우리 죄를 사하시며 우리를 모든 불의에서 깨끗하게 하실 것이요"(요일 1:9)라고 말하고 있습니다. 그러나 그것은 고백에 대한 부정적인 면입니다. 성경은 고백의 긍정적인 면, 즉 우리의 믿음을 고백하는 것에 대해서 **훨씬** 더 많이 말하고 있습니다.

예를 들면 예수를 주로 고백하는 것은 고백의 긍정적인 면입니다.

> 네가 만일 네 입으로 예수를 주로 시인하며 또 하나님께서 그를 죽은 자 가운데서 살리신 것을 네 마음에 믿으면 구원을 받으리라 롬 10:9

이 고백은 죄를 고백하는 것을 언급하고 있지 않습니다. 이것은 예수를 고백하는 것입니다. 이것은 부정적인 고백이 아니라 믿음의 긍정적인 고백입니다.

다음 구절에서 찾을 수 있는 다른 고백에 주목하십시오.

사람이 마음으로 믿어 의에 이르고 롬 10:10

이것 또한 부정적인 고백이 아닙니다. 이것은 긍정적인 고백입니다. "…입으로 시인하여 구원에 이르느니라." 다시 말해서, 사람은 입으로 자신이 구원받은 것을 고백합니다.

구원은 고백을 요구한다

구원받았음을 **고백**하기 전까지는 누구도 구원받을 수 없다는 것을 당신은 알고 계셨습니까? 어떤 사람이 구원받은 것처럼 느낀다 해도 자기가 구원받았다고 고백하기 전까지는 구원받은 것이 아닙니다. 하나님의 말씀이 말합니다. "…입으로 시인하여 구원에 이르느니라." 그리스도인들이 이 중요한 진리를 온전히 깨닫고 붙잡게 되기를 바랍니다. **성경은** 우리의 **입으로** 한 고백이 구원에 이르게 한다고 말합니다. 우리의 믿음과 우리의 고백은 함께 갑니다. 믿음은 절대로 **우리의 고백** 이상으로 증가할 수 없습니다.

한 큰 도시에 어떤 순복음교회에서 남자 분들이 새벽기도를 하려고 매일 모이고 있었습니다. 한 불신자가 새벽기도에 매일같이 6개월 동안 나왔지만 아직 구원받지 못했습니다.

제가 집회를 열기 위해 이 교회에 왔을 때 그들 중 한 명이 이 구원받지 못한 분에 대해서 말해주었습니다. "해긴 목사님, 당신께서 그분을 도우실 수 있다고 믿습니다."라고 이 그리스도인이 말했습니다. 하나님의 말씀은 들으려고 하는 사람이면 누구든지 항상 바로잡아주기 때문에 저는 이 일을 할 수 있다는 것을 알았습니다.

이 새벽기도 모임에 참석하는 형제들은 주중에 일을 했기 때문에 집회 기간 동안 오전 시간에는 참석하지 못했습니다. 그래서 그들은 형제들만을 위한 가르침의 시간을 토요일 저녁에 갖기를 제게 부탁했습니다. 그 구원받지 못한 형제는 성경을 팔 밑에 끼고 첫 토요일 저녁 모임에 왔습니다. 우리는 서로 소개하였지만 예배 전에 이야기를 나눌 시간은 없었습니다.

시작할 시간이 되었음에도 불구하고 사람들은 아직도 교회 안으로 들어오고 있어서 저는 "사람들이 들어오는 동안 몇 분의 간증을 듣겠습니다."라고 말했습니다. 한두 명이 간증을 나누고 나서 저는 이 구원받지 못한 형제를 쳐다보며 이렇게 말했습니다. "일어나서 당신이 구원받았다고 고백하십시오."

그는 화들짝 놀라며 이렇게 말했습니다. "오! 저는 아직 구원받지 못했습니다."

"알고 있어요." 저는 말했습니다. "그렇지만 성경에서는 입으로 고백하여 구원에 이른다고 말하고 있습니다. 당신이 구원받았다고 고백하기 전까지 당신은 절대로 구원받을 수 없습니다. 왜냐하면 예수님께서 '누구든지 사람 앞에서 나를 시인하면 나도 하늘에 계신 내 아버지 앞에서 그를 시인할 것이요'(마 10:32)라고 말씀하셨기 때문입니다."

그는 말했습니다. "네, 그렇지만 제가 구원받았다는 느낌이 들지 않습니다."

"당연하죠. 당신이 가지고 있지 않은 것은 느낄 수 없습니다. 당신은 구원받지 않았기 때문에 구원받았다는 느낌이 들지 않는 것입니다. 당신이 구원받기 전까지는 구원받았다는 느낌이 들지 않을 것이고, 구원받았다고 고백하기 전까지는 구원받을 수 없습니다."

"그게, 저는, 저는," 그는 말을 더듬었습니다. "저는 그렇게 하고 싶지 않습니다."

"당신에게 질문을 하나 하고 싶습니다." 저는 말했습니다.

"당신이 이곳에 여섯 달 동안 기도하며 회개하러 나왔다는 것이 맞습니까?"

"오, 네." 그는 대답했습니다. "제가 매일 아침마다 기도하고 회개한 것을 하나님도 알고 계십니다."

"회개는 필요한 것이지만 당신은 이미 회개하였으므로 계속 반복해서 회개를 할 필요가 없습니다. 이제 당신은 다음 단계로 갈 준비가 되었습니다. 보십시오. 만약에 이 건물 안으로 들어오기 위해서 세 걸음을 걸어야 한다면, 당신이 첫 걸음이나 두 걸음을 걸었다고 해서 건물 안으로 들어온 것은 아닙니다. 만약에 건물 안으로 들어오는데 세 걸음이 필요하다면 당신이 건물 안으로 들어오기 위해서는 세 걸음을 걸어야 합니다.

(어떤 사람들은 한두 걸음만 걷습니다. 그리고 그 걸음들이 성경에 근거한 걸음들이라고 해도 그들은 하나님께서 약속하신 특정한 공급으로 인도하는 모든 걸음을 걷지 않기 때문에 해답에 도달하지 못합니다.)

그리고서 저는 그 형제에게 말했습니다. "당신은 성경을 가지고 있군요. 로마서 10장 9절과 10절을 펴고 소리 내어 읽어 보십시오."

그는 읽었습니다. "네가 만일 네 입으로 예수를 주로 시인하며 또 하나님께서 그를 죽은 자 가운데서 살리신 것을 네 마음에 믿으면 구원을 받으리라. 사람이 마음으로 믿어 의에 이르고 입으로 시인하여 구원에 이르느니라."

저는 그에게 말했습니다. "당신이 구원받았음을 고백하십시오."

"아닙니다. 저는 그렇게 하고 싶지 않습니다."

(저는 가끔 제 자신도 놀라게 하는 행동을 합니다. 그리고 이 경우에는 제가 그런 행동을 했습니다. 하나님의 영이 저에게 내려와 그렇게 하도록 기름부었습니다. 제가 그 말들을 하면서도 제 스스로 **'이 말들이 정말 나한테서 나오는 말인가?'** 하고 생각했습니다. 제가 한 그 행동은 제 생각과 아무런 상관이 없었습니다.)

갑자기 저는 그를 손가락으로 가리키고 있는 자신을 발견하였고, 권세 있고 단호한 목소리로 그에게 말했습니다. "제가 당신에게 명령합니다! 저는 당신이 일어나 당신이 구원받았음을 고백하라고 명령합니다!"

제가 그렇게 말했을 때 그는 일어섰습니다. 그는 주변을 돌아보고 거의 반은 겁에 질려서 말했습니다. "여러분 대부분은 제가 여섯 달 동안 이곳에 나와서 매일 아침 기도한 것을 알고 계실 것입니다. 그리고 제가 죄에 지쳐있고 회개하고 또 회개하고, 기도하고 또 기도하고, 울고 또 울었다는 것을 하나님도 알고 계십니다. 성경이 바로 이렇게 말하고 있습니다.

'네가 만일 네 입으로 예수를 주로 시인하며 또 하나님께서 그를 죽은 자 가운데서 살리신 것을 네 마음에 믿으면 구원을 받으리라. 사람이 마음으로 믿어 의에 이르고 입으로 시인하여 구원에 이르느니라.'"

그는 계속해서 말했습니다. "그렇다면 저는 성경에 나온 대로 예수님이 하나님의 아들이시며 저의 죄를 위하여 죽으셨음을 믿습니다. 그리고 하나님께서 나를 의롭게 하기 위하여 그를 죽은 자들 가운데서 살리신 것을 저는 믿습니다. (그는 성경에서 그것에 관해서 뭐라고 말하고 있는지 알고 있었습니다.) 그러므로 저는 그가 저의 주 되시고 구원자 되심을 고백하고 제가 구원받았음을 고백합니다." 그는 말을 마친 후 얼마나 급하고 세게 앉았는지, 아마 당신은 의자가 망가졌다고 생각했을 것입니다.

그가 받고 있는 집중을 분산시키기 위해 저는 급히 다른 형제를 가리키며 말했습니다. "형제님, 일어나서 증언하십시오." 그도 증언했습니다. 저는 다른 형제를 가리켰고 그도 증언하였습니다.

그 둘이 증언한 후에 저는 구원받은 형제를 돌아보았고 그의 얼굴은 네온사인처럼 밝아져 있었습니다. 저는 그에게 말했습니다. "형제님, 다시 일어나십시오."

이번에는 그를 부추길 필요가 없었습니다. 그는 마치 의자에 전기가 통한 것처럼 벌떡 일어났습니다. 그는 의자에서 펄떡 뛰며 외쳤습니다. "와! 제가 그것을 말했을 때 제 안의 깊은 곳에서 무슨 일이 일어났습니다."

저는 말했습니다. "당연하지요. 당신에게 무슨 일이 일어난 것은 분명합니다. 당신이 입으로 고백할 때 하나님께서 당신의 영 안에 영생을 전이하셨습니다. 그 일이 일어나게 하신 하나님을 찬양하십시오!"

이틀 밤이 지난 후 그는 성령의 충만함을 받았고 방언으로 말하기 시작하였습니다. 그 해 여름에 그와 그의 가족은 휴가 중에 제가 열고 있는 집회에 들렀습니다.

저희와 계속 이야기를 나누면서 그는 말했습니다. "해긴 목사님, 제가 구원을 받으려고 노력하고 있었을 때 저는 교회에 가서 진심으로 기도하고 또 기도했습니다. 저는 제가 할 수 있는 한 솔직했고 진심이었습니다. 저는 매일 아침 울며 회개하고, 매일 오후 일이 끝나면 술집에 들러 친구들과 술을 마셨습니다. 그러나 제가 그 고백을 한 이후로 제 안에 엄청난 변화가 일어났습니다. 순간적으로 저는 담배로부터 해방되었습니다. 저는 담배 한 갑을 제 주머니 속에 넣고 다녔는데 일주일 후에 저는 아침을 먹고 나서 무의식적으로 담배를 찾으려고 손을 집어넣었습니다. 그제야 그동안 제가 담배를 피우지 않고 있었음을 깨달았습니다. 제 아내는 말했습니다. '당신을 지켜보고 있었는데 일주일 동안 한 번도 담배를 피우지 않았어요.'"

그는 새로운 사람이 되었습니다. 그 속사람이 겉사람을 주관하고 있었습니다. 어떤 사람들은 그렇게 쉽게 변하지 못합니다. 그 이유는 그들의 겉사람이 그들을 주관하도록 계속 허락했기 때문입니다. 그들은 육체가 속사람을 주관하도록 허락합니다. 그러나 만약 당신이 당신의 새로운 속사람으로 하여금 주관하도록 허락한다면 육신이 순종하게 하는 것은 쉬워집니다.

그는 계속해서 말했습니다. "저는 일부러 담배를 끊으려고 하지 않았습니다. 저는 그저 하나님과 그분의 축복에 너무 들떠서 제가 일주일 동안 담배를 피우지 않았음을 알아채지 못했을 뿐입니다. 저는 담뱃갑을 버렸고 그 때 이후로 담배는 저에게 아무런 영향을 주지 못합니다. 그리고 그 술집들도 바로 지나칠 수 있었고 더 이상 저에게 유혹이 되지 않았습니다."

믿음의 고백이 실재를 창조한다

당신이 믿음으로 긍정적인 고백을 할 때 그 고백이 당신의 삶 속에 실재를 창조합니다. 그리고 나서 당신은 하나님의 축복의 실재 안에서 걸을 수 있습니다.

많은 사람들은 긍정적인 고백을 하는 대신 부정적인 고백을 하기 때문에 힘들어합니다. 긍정적인 고백을 유지하는 것은 항상 그들에게 전쟁입니다. "오, 나는 너무 어려운 시련을 겪고 있어. 불쌍한 내 신세."

우리의 믿음은 우리의 고백과 속도를 맞춥니다. 다시 한 번 말하겠습니다. 우리의 믿음은 우리의 고백과 속도를 맞춥니다. 믿음은 고백 이상으로 증가할 수 없습니다. 제가 말한 대로 저는 부정적인 죄의 고백들을 말하는 것이 아니라 하나님의 말씀에 대한 긍정적인 고백들 그리고 하나님의 말씀에 대한 우리의 믿음의 긍정적인 고백들을 말하고 있습니다.

만약에 우리가 연약함과 실패와 질병을 **고백**한다면, 우리는 믿음을 파괴하는 것입니다. 만약에 당신의 필요가 치유라면 당신의 모든 질병을 예수님께서 짊어지셨음을 담대하게 고백하십시오. 그리고 그 고백을 굳게 붙잡으십시오. 우리의 믿음의 고백을 굳게 붙잡을 때 믿음의 싸움이 시작되는 것입니다. 히브리서 4장 14절은 우리가 믿는 도리(**또는 고백**)를 굳게 붙잡으라고 말하고 있습니다. 우리의 고백을 굳게 붙잡을 때 우리는 하나님께서 개입하실 수 있도록 장을 마련해 드리는 것입니다.

대부분의 그리스도인들이 성실하면서도 약한 이유는 하나님의 말씀이 자신에 대해서 말하고 있는 것을 고백하려고 시도하지 않았기 때문입니다. 그들은 성경이 자신들이 **무엇**이며 **누구**이며 **무엇**을 가지고 있다고 말하는 것을 고백하려고 시도한 적이 없습니다.

우리의 고백이 우리를 지배합니다. 이것은 우리 중에 소수만이 깨달은 영적 법칙입니다. 예수님께서 말씀하셨습니다. "진실로 내가 너희에게 말하노니 누구든지 이 산더러 들리어 바다에 던져지라 하며 그 말하는 것이 이루어질 줄 믿고 마음에 의심하지 아니하면 그대로 되리라"(막 11:23)

마지막 문장에 다시 한 번 주목하십시오. "그가 말한 것이 무엇이든지 갖게 되리라." 그것이 긍정적이든 부정적이든 우리가 말하는 것이 우리의 믿음이 하는 말입니다. 예수님께서는 누구든지 **말하면**, 그가 **말한 것은** 무엇이든지 갖게 될 것이라고 말씀하셨습니다.

예수님께서는 그가 말씀하고 계신 것에 관해서 제대로 알고 말씀하신 것일까요? 아니면 이 말들이 무책임한 몽상가가 한 말입니까? 아닙니다. 몽상가가 한 말이 아닙니다! 예수님은 그분이 말씀하시는 것에 대해서 정확히 알고 계셨습니다. 예수님께서 당신이 무엇을 갖게 될 것이라고 말씀하셨습니까? 그분은 당신이 **"말하는 것"**을 갖게 될 것이라고 말씀하셨습니다.

저는 사람들에게 항상 말합니다. "만약에 당신이 인생에서 가지고 있는 것에 대해서 만족하지 못한다면 당신의 말을 바꾸십시오. 당신은 자신의 말로 인생에서 가지고 있는 것들을 창조합니다."

너무나 많은 사람들이 올바른 고백을 유지하는 대신 잘못된 고백을 유지합니다. 잘못된 고백은 패배와 실패와 사탄의 주권을 고백하는 것입니다.

많은 사람들은 하나님보다 사탄에 대한 믿음을 더 많이 가지고 있습니다. 그들은 사탄이 그들의 인생에서 무엇을 하고 있는지 그리고 앞으로 무엇을 할 것인지에 대해서 말하는 것을 전혀 꺼리지 않습니다. 그들은 사탄과 그의 활동에 대해서 항상 말합니다. 그러나 그 사람들에게 하나님께서 그들의 삶에서 무엇을 하고 계신지, 그리고 어떤 일을 하실 것인지 말하라고 하면 그들은 이렇게 말합니다. "그것에 관해서 말하기는 좀 두렵네요." 그들은 하나님께서 그의 말씀을 지키지 않으실까 봐 두려운 것입니까? 하나님이 거짓말쟁이일까 두려워하는 것입니까? 아닙니다. 하나님은 그가 하시겠다고 말한 모든 것을 하시는 분이십니다! 주님을 찬양합니다! 하나님은 그분의 말씀을 지키시는 분이십니다!

어떤 사람들은 사탄과의 싸움과 사탄과 보내는 시간에 대해서만 말합니다. 예수님께서 이미 사탄을 패배시키셨기 때문에 그들은 더 이상 사탄과 아무런 문제가 없어야 합니다.

만약에 그들이 하나님의 말씀을 알았다면 그들은 사탄이 이미 패배한 적임을 알았을 것입니다.

골로새서 2장 15절이 말하고 있습니다. "통치자들과 권세들을 무력화하여 드러내어 구경거리로 삼으시고 십자가로 그들을 이기셨느니라"(골 2:15). 예수님께서는 그분의 부활 안에서 그들을 이기시고 그들을 무력화 시키셨습니다.

그러므로 사탄과의 싸움에 대해서 말하는 것, 즉 그가 어떻게 당신을 방해하고 있는지, 어떻게 당신을 속박하고 있는지 어떻게 당신을 아프게 하고 있는지에 대해서 말하는 것은 패배를 고백하는 것입니다. 그리고 당신이 그렇게 말하는 이상 당신이 가지게 될 것은 바로 패배입니다.

많은 경우 저는 집회에 "대중"의 믿음이나 제 자신의 믿음을 통해 치유를 받도록 사람들을 위해 기도해 주었습니다. 그들이 예전에 가지고 있던 질병의 증상들은 떠나갔습니다. 그러나 그들이 각자의 길로 떠날 때 제 영 안에서 무거움을 느꼈습니다. 그들에게 똑같거나 더 심각한 무엇인가가 돌아오게 될 것을 저는 알고 있었습니다. 제가 어떻게 알았을까요? 왜냐하면 그들의 목소리에서 투덜거림이 떠나지 않았기 때문에, 저는 그들이 곧바로 다시 불평하고 부정적으로 말하고 불신앙을 말하고 부정적인 고백을 할 것이라는 것을 알고 있었습니다.

잘못된 고백은 사탄에게 영광을 돌립니다. 당신이 사탄과 어떤 시간을 보내고 있는지, 어떤 싸움을 싸우고 있는지, 사탄이 당신의 성공을 어떻게 막고 있는지, 당신을 어떻게 아프게 하고 있는지, 어떻게 당신을 속박하고 있는지, 당신이 경험하고 있는 모든 일들을 말하는 것은 모두 사탄에게 영광을 돌리는 고백들입니다.

사탄을 높이지 마십시오

사람들이 자신들이 무엇을 하고 있는지 진정으로 알고 있다면 그렇게 하지 않았을 것을 저는 알고 있습니다. 그러나 부정적인 고백과 사탄을 높이는 고백은 무의식적으로 당신의 아버지이신 하나님께서 실패자라고 말하는 것과 마찬가지입니다.
　우리가 그리스도인들로부터 듣는 대부분의 고백과 간증들은 사탄과 그가 하고 있는 일들을 높여줍니다. 당신이 간증을 할 때마다 당신은 무엇인가를 고백하고 있다는 것을 당신은 깨달아야 합니다. 당신은 사탄의 주권을 고백하고 있거나, 아니면 하나님의 주권을 고백하고 있습니다. 너무나 많은 경우 교회 안의 간증모임에서 그리스도인들은 무의식적으로 그들이 말하는 방식을 통해 사탄의 주권을 증언하고 있습니다.

당신이 예수님에 대해서 간증하고 자랑하고 있다면 당신은 예수님께 영광을 돌리는 것이지요. 당신이 하나님이 하신 일과 하시고 계신 일이 무엇인지 말할 때 당신은 하나님께 영광을 돌리는 것이지요. 이와 마찬가지로 만약 당신이 일어서서 사탄의 일들을 자랑하고 있다면 당신은 사탄에게 영광을 돌리고 있는 것입니다. 어떤 그리스도인들은 하나님을 높이기보다는 사탄을 더 높여 왔습니다. 이것이 바로 그들이 망가진 삶을 살고 있는 이유입니다.

당신이 사탄에 대해서 말하고 그가 한 일들에 대해서 말할 때 당신은 사탄과 그의 일들을 높이게 됩니다. 당신이 패배에 대해서 말할 때 당신은 사탄이 이룬 일들에 대해서 말하고 있는 것입니다. 패배는 하나님으로부터 온 것이 아닙니다! 하나님은 교회가 패배당할 것을 의도하시지 않으셨습니다. 그렇지 않습니까?

성경에서는 이것에 대해서 뭐라고 말하는지 봅시다. 성경은 마태복음 16장 18절에 음부의 권세가 교회를 이기지 못할 것이라고 선포하고 있습니다. 바울은 교회에게 이렇게 편지를 썼습니다. "그러나 이 모든 일에서 우리를 사랑하시는 그분으로 말미암아 우리가 이기는 자들정복자들:conquerors보다 더 나으니라"(롬 8:37, 한글킹제임스).

만약에 우리가 정복자라고만 했어도 우리를 성공하게 하기에는 충분했을 것입니다. 그러나, 그 이상입니다. 성경은 우리가 그리스도를 통해 정복자보다 나은 자들이라고 말하고 있습니다!

그러면 이제는 우리가 그리스도 안에서 무엇인지 말해봅시다. "오, 난 당했어! 나는 패배했어."라고 말하지 말고 일어나서 성경이 당신에 대해서 뭐라고 하는지 말하십시오. "나는 정복자다!"라고 말하십시오.

"하지만 보기에는 제가 정복자 같지 않습니다."라고 당신이 말할 수도 있습니다. 그렇게 보이지 않을 수도 있지만 당신이 정복자라는 고백이 당신의 삶 속에 실재를 창조시킬 것입니다. 금방 일어날 수도 있고 나중에 일어날 수도 있지만, 당신은 자신이 고백하는 대로 될 것입니다.

어떤 복음전도자가 자신이 집회를 열고 있던 한 순복음 교회에서 있었던 일을 제게 말해주었습니다. 그 마을에서 가장 부요했던 사업가가 이 교회의 일원이었습니다. 그는 심장병이 있었고 그 복음전도자가 그 마을에 있는 동안 이 사업가는 집에서 심장마비를 일으켰습니다. 그의 아내는 목사님과 그 복음전도자에게 전화했고 와서 그를 위해 기도해달라고 부탁했습니다.

그들은 호화로운 집의 이층 침실에서 의식 없이 누워있는 남자에게로 갔습니다. 의사는 그가 움직이면 안 되기 때문에 병원에도 데리고 갈 수 없다고 했습니다. 의사는 남자에게 산소도 공급하고 할 수 있는 것은 다하고 있었지만, 그가 다시는 의식을 되찾을 수 없고 침대에서 죽게 될 것이라고 아내에게 말했습니다.

복음전도자와 목사는 그에게 손을 얹어 기도했고 당신이 눈 깜빡할 사이에 빠르게 그 남자는 눈을 뜨고 의식이 돌아왔습니다! 그는 일어나 앉아 침대에서 나왔고 아래층의 거실로 걸어 내려와 목사와 복음전도자를 45분 동안 만났습니다.

목사와 복음전도자가 떠나려고 일어날 때 남자는 아직 잠옷을 입고 있고 날씨가 추웠기 때문에 그들을 마중하러 나가지는 않았습니다.

그러나 그의 아내는 그들을 따라 나왔습니다. 그녀는 그들을 따라 나오면서 남편이 자기 말을 듣지 못하도록 문을 닫았습니다. 그리고 복음전도자에게 말했습니다. "그를 위해서 계속 기도해주세요. 그를 위해서 계속 기도해 주세요."

"왜요?" 복음전도자는 물었습니다.

그녀는 대답했습니다. "사탄이 돌아와서 병을 다시 그에게 얹을 것이고 남편은 또 심장마비가 올 거예요."

"자매님, 당신은 하나님보다 사탄을 더 믿고 있습니다! 당신은 거기 서서 사탄이 무엇을 할 것인지 제게 말해주었습니다. 당신은 '사탄이 돌아와서 그에게 다시 병을 줄 것이고 남편은 또 심장마비가 올 거예요.'라고 했습니다. 왜 '하나님께서 그를 치유하셨습니다. 사탄은 그것을 다시 남편에게 얹지 못할 거예요.'라고 말하지 않으시죠?"

그녀는 대답했습니다. "오, 그런 말을 하기에는 너무 두렵습니다."

"왜요?" 그는 물었습니다.

그녀는 속삭이면서 대답했습니다. "사탄이 제 말을 듣고 있다는 것을 모르세요?"

많은 그리스도인들과 또 어떤 설교자들은 이와 똑같습니다. 제가 로스앤젤레스 지역에서 집회를 가졌던 해가 있었는데, 그 때는 동양독감이 전염병으로 돌고 있었습니다. 로스앤젤레스 타임즈 신문에서는 LA지역만 이백만 명이 동양독감에 걸렸다고 했습니다.

우리가 집회를 가졌던 동네에서는 두 개의 고등학교 미식축구 팀이 있었습니다. 지방 신문에서 두 팀 다 동양독감 때문에 금요일 밤 경기를 취소했다고 발표했습니다. 한 팀은 39명의 멤버들이 있었지만 단 한명도 연습에 나오지 않았습니다. 다른 팀은 41명의 멤버들이 있었고 고작 두 명만 연습에 나왔습니다. 몇 백 명을 앉힐 수 있는 교회 건물은 꽉 찼었지만 전염병이 돌면서 많은 사람들이 독감에 걸려 회중이 40명으로 줄었습니다.

누군가가 저에게 물었습니다. "당신은 두렵지 않습니까?"

저는 공식적으로 선포했습니다. "이 전염병은 저를 걱정시키지 않습니다. 저는 절대로 동양독감에 걸리지 않을 것입니다." 그리고 저는 지금까지도 한 번도 걸려 본적이 없습니다.

제가 그런 믿음의 고백을 했을 때, 그 순복음 교회 목사님이 개인적으로 와서 제게 물었습니다. "그런 발언을 하는 게 두렵지 않습니까?"

저는 대답했습니다. "아니요, 왜 두렵죠?"

그들은 속삭였습니다. "사탄이 당신의 말을 듣는다는 것을 모릅니까?"

"물론 사탄이 제 말을 듣는다는 것을 압니다. 저는 그를 위해 말해준 겁니다. 저의 말을 바로 사탄이 듣고 있기를 제가 원합니다! 저는 그 말을 하나님을 위해 할 필요가 없습니다. 하나님은 이미 알고 계셨습니다. 그 말은 사탄이 들으라고 한 말입니다."

두려움은 사탄에게 문을 엽니다

몇 년 전에 제 아내와 저는 누군가가 아프다는 소식을 듣고 그를 방문하러 갔었습니다. 이 사람이 우리에게 이렇게 경고

했습니다. "만약에 당신이 두렵다면 여기에 오지 않는 것이 좋을 것입니다. 저는 바이러스에 감염됐고 지금 상태가 좋지 않습니다."

"절대 불편해 하지 마십시오." 저는 말했습니다. "저는 절대로 걸리지 않을 것입니다."

그러나 제 아내는 말했습니다. "그럼 저는 들어가지 말아야겠어요. 저는 걸릴지도 몰라요."

저는 그녀에게 스스로 선택하라고 말했습니다. 그녀는 저와 함께 들어갔지만 결국에는 그녀가 말한 것처럼 그 바이러스에 감염되었습니다. 저는 감염되지 않았습니다. 저는 그녀에게 그것을 가르쳐주고 말했습니다. "당신은 잘못된 말을 하였소." 그녀는 망설이면서 말했고, 그녀는 흔들렸습니다. 그녀는 우리가 집에 도착하기 전에 그 질병의 증상들이 나타났습니다. 그렇게 빨리 이 질병이 그녀에게 덮친 것입니다.

만약에 당신이 문을 연다면 사탄은 당신을 맞으러 나올 것입니다. 욥은 말했습니다. "내가 두려워하는 그것이 내게 임하고 내가 무서워하는 그것이 내 몸에 미쳤구나"(욥 3:25). 당신이 두려워함으로써 사탄에게 문을 여는 것입니다. 당신이 잘못된 말과 잘못된 고백을 함으로써 사탄에게 문을 열어주는 것입니다.

어떤 사람들은 누가 고백에 대해서 가르치는 것을 한번

듣고, "나도 한 번 그렇게 해봐야지."라고 말합니다. 만약에 당신 자신의 믿음이 말하는 것이 아니라 그냥 머리에서 생각나는 대로 고백한다면 당신은 넘어져서 큰코다치고 사탄에게 크게 당하게 될 것입니다.

당신 스스로가 하나님의 말씀이 뭐라고 하는지 알 때 당신의 고백을 하나님의 말씀과 일치시킬 수 있고 패배할 수 없게 되는 것입니다. 이것이 바로 제가 사람들에게 스스로 말씀 안으로 들어가 보기를 권유하는 이유입니다. 그리스도인으로서 당신이 누구인지에 대해서 성경이 말하는 바를 알아내십시오. "그분 안에서"와 "그리스도 안에서"라고 되어있는 성경구절에 모두 줄치고 이 성경구절들을 고백하기 시작하십시오. "나는 그리스도 안에 있기 때문에 이것이 내 것이다. 내가 그분 안에 있기 때문에 나는 건강과 치유와 부요함을 가지고 있습니다."

당신의 것이 무엇인지 알아내십시오. 그리스도 안에서 당신에게 속한 것이 무엇인지 알아내십시오. 당신이 스스로 하나님 말씀에서 본 것으로 인해 자신의 믿음의 고백을 하기 시작하면 당신은 절대로 패배당할 수 없습니다. 왜냐하면 하나님의 말씀이 당신의 기반이 되었기 때문입니다.

자연적인 영역에서 사람들이 잘못된 고백을 유지하면 자연적으로 의심과 실패와 불신앙의 고백들이 그들 안에 있는 생명을 빨아내고 그들의 믿음을 파괴합니다. 그들의 부정적인 고백이 그들을 속박합니다. 그러나 하나님의 말씀에 대한 지식으로부터 자라난 당신의 믿음의 고백은 사탄을 매번 패배시킬 것입니다.

베드로는 이렇게 기록하였습니다. "근신하라 깨어라 너희 대적 마귀가 우는 사자 같이 두루 다니며 삼킬 자를 찾나니"(벧전 5:8).

제 생각에 어떤 사람들은 거기까지만 읽습니다. 그들은, "오, 사탄이 나를 쫓고 있습니다. 그가 우는 사자같이 두루 다니고 있다고 기록하고 있습니다. 그의 뜨거운 입김이 내 목에서 느껴지는 것 같습니다. 사탄은 누구를 삼킬지 찾고 있고 그가 삼킬 자가 바로 내가 될까봐 두렵습니다. 모두들 그가 저를 잡지 못하게 기도해주십시오."라고 말합니다. 그렇게 말하는 사람들을 위해서 기도해봤자 아무런 소용이 없습니다. 왜냐하면 그들이 그렇게 말하기 시작한 순간부터 그들은 사탄에게 넘어갔기 때문입니다.

한 설교자가 저에게 말했습니다. "해긴 형제, 저는 사탄을 달려가게 하고 있습니다!"

"주님을 찬양합니다." 저는 말했습니다.

"문제는," 그가 말했습니다. "저는 도망가고 있고 그는 저를 쫓아오고 있는 것입니다!"

그러나 그것은 성경이 말하는 바가 아닙니다! 물론 우리에게는 적이 있습니다. 이 성경구절은 사탄을 당신의 "대적"이라고 말하고 있습니다. 대적은 대항자이며 원수입니다. 당신을 반대하는 상대입니다. 당신과 당신의 승리 사이에 서 있는 자입니다. 당신과 당신의 성공 사이에 서 있는 자입니다. "너희 대적 마귀가 우는 사자 같이 두루 다니며 [그가 세상의 신이기 때문에 그는 이 땅을 두루 다니며] 삼킬 자를 찾고 있다."

만약에 당신이 바로 거기서 읽는 것을 멈춘다면 별로 보기 좋은 그림이 아니지 않습니까? 그렇습니다. 만약에 당신이 내어준다면 사탄은 당신을 두렵게 하려고 할 것입니다. 그리고 만약에 당신이 진리를 모른다면 당신은 두려워 할 것입니다. 왜냐하면 그는 우는 사자와 같이 두루 다니기 때문입니다. 그러나 우리는 읽는 것을 거기서 멈추면 안 됩니다.

베드로는 죄인들에게 쓰고 있는 것이 아니라 그리스도인들에게 편지를 쓰고 있습니다. 사탄은 이미 죄인들을 삼켰습니다. 만약에 그리스도인들이 그렇게 하도록 내버려둔다면 그리스도인들도 삼킬 것입니다. 이제 우리는 이것에 대해서 어떤 행동을 취할 것입니까?

그저 두 손 들고 "우리가 할 수 있는 건 아무것도 없습니다. 나는 너무 약하고 자격이 없습니다. 불쌍한 내 신세."라고 말 할 것입니까? 아닙니다! 천 번 만 번 아닙니다!

그저 바닥에 굴러서 죽은 시늉을 하며 "그가 없는 것처럼 행동하면 그는 떠나갈 꺼야."라고 말할 것입니까? 아닙니다! 우리는 그렇게 하지 않을 것입니다.

사탄을 대적하라

그러면 우리는 어떻게 해야 합니까? 성경에서는 무엇을 하라고 하는지 읽어봅시다. "너희는 믿음을 굳건하게 하여 그를 대적하라 이는 세상에 있는 너희 형제들도 동일한 고난을 당하는 줄을 앎이라"(벧전 5:9). 저는 다른 번역본의 표현을 좋아합니다. "너희는 **너희의** 믿음을 굳건하게 하여 그를 대적하라." 다시 말해서 하나님의 말씀에 대한 당신의 믿음으로 사탄을 대적하는 것입니다. 하나님께서 사탄에 대해서 뭐라고 하셨는지 그리고 하나님께서 당신에 대해서 뭐라고 하셨는지에 대한 믿음입니다. 그것으로 사탄을 대적하는 것입니다! 예수님께 할렐루야!

야고보는 이렇게 표현하고 있습니다. "그런즉 너희는 하나님께 복종할지어다 마귀를 대적하라 그리하면 너희를 피하리라"(약 4:7).

여기서 "너희"는 이 문장에서 묵시적인 주어입니다. "**너희가**

사탄을 대적하라." 이 말씀은 다른 사람에게 대신 사탄을 대적해달라고 하라고 말하고 있지 않습니다. 우리는 당분간은 서로를 도울 수 있지만 결국에는 자기 자신을 위해서 자신만이 해야 하는 일들이 있습니다.

야고보는 이 편지와 이 특별한 구절을 교회를 위해 썼습니다. 그러나 그는 다음과 같은 방식으로 이 편지를 쓰지 않았습니다. "우리의 사랑하는 형제 사도 바울이 귀신을 쫓고 다루는 데에 아주 큰 성공을 거두고 있다고 들었습니다. 여러분도 그에게 편지해서 그가 사탄에 대해서 당신들을 위해 조취를 취해줄 수 있도록 하기를 권합니다." 아닙니다. 성경은 그렇게 말하고 있지 않습니다. 당신은 옆에 있는 사람과 똑같이 사탄에 대한 권세가 있습니다. **당신이** 사탄을 대적하면 그가 당신을 피할 것입니다.

저는 "피하다"flee 라는 단어의 뜻을 몇 개의 사전에서 찾아보았습니다. 여러 종류의 단어 뜻 중에 만족할 만한 것을 찾지 못했지만 발길이만큼 두꺼운 사전에서 그 단어에 관한 내용이 한 쪽 이상 있었습니다. "피하다"flee라는 표제 아래 저는 제일 마음에 드는 뜻을 찾을 수 있었습니다. "피하다"는 "무언가로부터 피하다, 무언가로부터 공포에 떨며 뛰다"라는 뜻을 가지고 있었습니다.

제가 이 단어의 뜻을 찾고 있을 때, 프랑스와 스위스의 경계선에 있는 높은 산 속에 있던 댐이 무너졌습니다. 10억 갤런이 넘는 물이 그 사이로 넘쳐흘렀고 온 마을을 앗아갔습니다. 한 신문사의 기사에는 "마을 사람들이 피하고 있습니다."라고 보도되었습니다. 그들의 생명이 위험했기 때문에 이 사람들은 공포에 떨며 그 홍수로부터 뛰어 도망가고 있었습니다.

하나님의 말씀은 "마귀를 대적하라, 그리하면 너희를 피하리라"라고 말하고 있습니다. 그는 공포에 떨며 당신으로부터 뛰어 도망갈 것입니다!

오, 그는 당신을 개인으로서 두려워하는 것이 아닙니다. 그러나 당신이 그리스도 안에서 당신의 권리와 혜택들을 알아내는 순간, 즉 예수의 이름이 당신 것이고 그 이름을 사용할 **합법적인 권리가** 당신 것인 것을 알게 될 때, 그 이름이 무엇을 할 것인지에 대해서 당신이 알아냈다는 것을 사탄이 알게 될 때, **그때 사탄은 공포에 떨며 당신으로부터 뛰어 도망갈 것입니다!**

그때까지 그는 당신 주변에서 맴돌며 기회가 있을 때마다 비집고 들어오려고 할 것입니다. 그는 당신을 공격당하는 쪽이 되도록 유지하려 할 것이고 당신이 계속 패배하도록 할 것입니다.

당신이 사탄을 대적하십시오. **당신이** 사탄에 대해서 무엇인가를 해야 합니다. 하나님께서는 이미 사탄에 대해서 할 일은 다 하셨습니다. 하나님은 예수님을 보내셨고 예수님은 사탄을 이기시고 일어나셨습니다. 예수님은 당신을 위해서 그를 패배시켰습니다. 이제 당신이 사탄에 대해서 무엇인가를 할 때가 되었습니다.

믿고 고백하십시오

　당신에게 속한 것이 무엇인지 알아내고 일어나서 당신께 속한 것들이 비춰진 빛 가운데에서 걸으십시오! 이것들이 당신에게 실재가 되기 위해서는 당신의 마음heart으로 믿고 이것들을 당신의 입으로 고백해야 합니다.

　로마서 10장 10절이 말합니다. "사람이 마음으로 믿어 의에 이르고 입으로 시인하여 구원에 이르느니라"(롬 10:10).

　이것은 구원에 관한 진리일 뿐만 아니라 하나님께로부터 다른 모든 것을 받는 것에 있어서도 진리입니다. 반드시 마음으로 믿고 입으로 고백하는 것이 하나님께로부터 받는 방법입니다.

　사람이 항상 마음으로 믿고 입으로 하는 고백이 구원이나 성령 침례에 이르게 합니다.

사람이 마음으로 믿고 입으로 하는 고백이 치유에 이르게 합니다.

사람이 마음으로 믿고 입으로 하는 고백이 응답받는 기도에 이르게 합니다. 말씀이 이렇게 말하고 있고 지난 수년간 저는 이것을 증명해보였습니다.

주님은 수년 전에 저에게 말씀하셨습니다. "나는 네가 나의 백성들에게 믿음을 가르치기를 원한다. 나는 나의 말씀을 통해 너에게 믿음을 가르쳤고 네가 특정한 경험들을 하도록 허락하였다. 너는 나의 말씀과 경험들을 통하여 믿음을 배웠다. 이제 가서 내 사람들에게 믿음을 가르쳐라. 내가 너에게 가르친 것들을 그들에게 가르쳐라."

저는 천국으로부터 온 목소리가 그 말들을 저에게 하는 것을 들었습니다. 그래서 저는 그저 제가 말씀으로부터 배운 것들과 경험들을 통해 배운 것들을 사람들에게 가르칩니다. 그리고 수년 전에 저는 이 진리들을 배우면서 시험해보았습니다. 하나님의 말씀은 시험을 통과합니다!

만약에 당신이 무언가를 진정으로 마음으로 믿고 당신의 입으로 말한다면 당신은 그것을 가지게 될 것입니다. 왜 그렇습니까? 왜냐하면 예수님께서 마가복음 11장 23절에 그렇게 될 것이라고 말씀하셨기 때문입니다. 어떤 사람들은 "나는 고백했는데 그것을 가지고 있지 않습니다."라고 말합니다. 저는 그들에게 이렇게 말해주는 것을 꺼리지 않습니다. "당신이나 예수님, 둘 중에 한 명이 지금 거짓말을 하고 있습니다. 왜냐하면 예수님께서는 누구든지 말하고 그의 마음 속에 의심하지 않고 그가 말한 것은 이루어질 줄 믿는다면, 그가 말한 것은 무엇이든지 가지게 될 것이라고 말씀하셨기 때문입니다."

대부분의 경우, 사람들과 대화를 충분히 하게 되면 사람들 속에 있는 것이 다 드러납니다. 그들은 이렇게 말합니다. "해긴 형제, 제가 이 성경구절이 말한 그대로 정확히 했고 전혀 효력이 없었음을 당신이 알기 원합니다."

"만약에 그렇다면 예수님께서 거짓말을 하셨군요." 제가 그들에게 말합니다.

그들은 멈춰서 "그렇군요. 예수님은 거짓말을 하시지 않았어요. 그렇죠?"

"그렇습니다."

그러면 그들은 대부분 이렇게 인정합니다. "저는 이게 과연 될까하는 생각을 하긴 했었어요."

보십시오. 그들은 처음부터 말씀대로 될지에 대한 믿음이 확실치 않았습니다. 고백이 당신에게 효력이 있으려면 당신은 성경이 사실임을 믿어야 합니다. 구체적으로 믿으십시오. 성경구절에서 당신에게 필요한 약속을 찾아서 말씀을 고백하십시오!

저는 수년 전에 어떤 순복음 교회에서 집회를 열었습니다. 저는 마가복음 5장에 혈루병을 앓는 여인에 대해서 가르치고 있었고, 마음으로 믿고 입으로 고백하는 것이 하나님으로부터 받는 방법이라고 했습니다. 혈루병을 앓는 여인은 이렇게 말했습니다. "만약에 내가 그분의 옷을 만지기만 한다면 나는 온전해질 거야"(28절).

이 순복음 교회의 목사님이 저에게 말했습니다. "해긴 형제, 당신이 여기에 계신 동안 제 동서가 성령 침례를 받을 줄 믿습니다. 그는 성령 침례 받기를 구한지 34년이나 되었습니다. 그보다 더 나은 그리스도인은 이 교회에 없습니다."

저는 그에게 아무 말도 하지 않았지만 제 자신에게 '나는 그가 받게 될 것을 알아.' 라고 말했습니다. 하나님의 말씀은 효력이 있기 때문에 저는 그가 받게 될 것을 알았습니다. 하나님과 그의 말씀은 하나입니다! 하나님은 그분의 말씀을 통해 역사하시며 그분의 말씀은 제한받지 않습니다. 만약에 당신이 하나님의 말씀을 선포한다면 반드시 역사합니다!

그래서 그날 밤 저는 이런 관점에서, 당신은 당신이 말하는 것을 가질 수 있다는 설교를 하였습니다. 회중의 몇 명은 이해하고 있었지만 사람들이 이런 내용을 붙잡는 데에는 시간이 걸립니다. 특별히 회중이 믿음의 원리들에 대해서 훈련이 되지 않았다면 더 그렇습니다. 만약에 회중의 믿음이 그 수준까지 이르지 못했다면 이런 공중 모임에서 이 원리들이 항상 역사할 순 없습니다.

　이 특정한 모임이 바로 그런 경우였습니다. 저는 이 회중의 믿음이 그 수준에 이르지 못하기 때문에 사람들이 보는 앞에서 이 남자에게 사역을 하려고 하지 않았습니다. 그 대신, 저는 기도 방으로 돌아가 이 남자와 개인적으로 얘기를 나눴습니다. 그가 성령을 받기 위해 앞으로 나왔기 때문입니다.

　저는 그에게 말했습니다. "제가 바르게 알고 있다면, 당신은 성령을 34년 동안 구해왔습니다."

　그는 말했습니다. "맞습니다, 저는 그래왔습니다."

　저는 말했습니다. "그렇다면 당신은 마가복음 11장 23절에 예수님께서 '그가 말하는 것은 무엇이든지 가지게 되리라' 라는 말씀을 들어본 적이 있습니까?"

　그는 말했습니다. "네, 있습니다."

　"당신은 그것을 믿습니까?"

　"네, 다 성경 안에 있습니다."

　저는 그에게 물었습니다. "당신은 제가 하라고 하는 것을 하실 것입니까?"

　"할 수 있는 일이라면 하겠습니다." 그는 대답했습니다.

　제가 보기에는 모든 사람들이 쉬운 것을 찾아다니고 있습니다! 저는 그에게 말했습니다. "당신의 인생에서 해온 일들

중에 가장 쉬운 일입니다. 그저 이곳에 서서 함께 손을 잡고 하나로 동의합시다. 저는 하나님의 말씀대로 기도할 것이고 당신은 저를 따라서 기도해주십시오. 그러나 그냥 말만 하지는 마십시오. 그저 머리로 기도하지 마십시오. 당신의 마음이 이 기도에 일치하도록 하십시오. 왜냐하면 성경에는 '누구든지 말하고… 마음에 의심치 아니하면…' (막 11:23)이라고 말하기 때문입니다."

그는 말했습니다. "좋습니다. 그렇게 하겠습니다."

그래서 저는 기도하기 시작했고 그는 저를 따라했습니다. 저는 이렇게 기도했습니다. "하늘에 계신 아버지, 제가 거듭나고 당신의 자녀가 됨을 감사드립니다. 구원을 선물로 주심을 감사드립니다. 성경은 '은혜로 인하여 너희가 믿음으로 구원을 받았다' (엡 2:8)라고 말하고 저는 믿음으로 구원을 받았습니다. 아버지, 이제 하나님의 말씀에 성령 또한 선물이라고 가르치고 있고 이제 저는 믿음으로 성령을 받습니다. 저는 마음으로 믿고, 마음으로 믿기 때문에 제 입으로 말합니다. '저는 성령을 받습니다. 저는 성령으로 충만합니다.'" 그는 저를 따라 이 기도를 했습니다. 그 후 저는 사도행전 2장 4절을 말했고 그는 저를 따라 말했습니다. "아버지, 당신의 말씀은 '그들이 다 성령의 충만함을 받고 성령이 말하게 하심을 따라 다른 언어들로 말하기를 시작하니라' 라고 말합니다.

저는 이것을 제 마음으로 믿습니다." 그가 이렇게 말하면서 순간적으로 방언으로 말하기 시작했습니다. 이 남자는 마음으로 믿고 입으로 고백하는 것에 관한 이 짧고 단순한 기도를 통해 34년 동안이나 구해왔던 성령의 충만함을 받았습니다.

다른 남자가 서서 우리를 보고 있었고 그는 말했습니다. "해긴 목사님, 저도 그렇게 해보고 싶습니다." 저는 말했습니다. "그러면 효력이 없을 것입니다. 당신이 그냥 해본다면 효력이 없습니다. 이 사람은 그냥 해본 게 아니라 해냈습니다!" 그는 말했습니다. "그러면 저도 확실히 하겠습니다." 그도 마음으로 믿는 것을 입으로 고백하는 그 똑같은 위치에 이르렀을 때 방언으로 말하기 시작했습니다. 보십시오. 그는 성령을 받은 것을 입으로 고백했고 마음으로 믿었습니다. 그리고 성령은 그에게 방언을 주신 것입니다.

저는 의도적으로 여러 가지를 시험해보았습니다. 예를 들면 한번은 순복음 계통의 가르침을 받아보지 못한 다른 교단의 사람들과 고향에서 모임을 가졌습니다. 저는 하나님의 말씀이 역사하게 하여 그들이 말한 것을 가지게 되는 원리를 증명해 보이고 싶었습니다. 그래서 저는 이 사람들에게 성령을 받게 되면 방언으로 말하게 될 것을 말해주지 않았습니다.

그날 밤 아홉 명의 사람들이 성령을 받고 싶어 했습니다. 저는 그들과 함께 앉으면서 말했습니다. "성경에서는 성령을 받는 것에 관해서 뭐라고 말하는지 봅시다." 우리는 사도행전에 있는 성경구절들을 보았고 저는 모두가 제 기도를 따라하게 했습니다. 저는 그들이 방언을 말하게 될 것이라고 말하지 않았습니다. 저는 방언에 관한 말은 꺼내지도 않았고 방언이 성령의 침례를 받는 성경적 증거라는 말도 하지 않았습니다.

모두가 하나같이 기도했습니다. "아버지, 제가 마음으로 믿고 제 입으로 말하기 때문에 저는 이제 성령으로 충만합니다." 아홉 명 중 여덟 명은 순간적으로 방언을 말하기 시작했습니다. 그들은 방언을 말하도록 가르침 받은 적이 없습니다. 그들은 다른 사람들이 방언에 대해서 말하는 것도 들어본 적이 없습니다. 그들은 그저 하나님의 말씀에 순종했습니다! 의심의 그림자를 넘어서서 이것은 제게 성령으로 충만함을 받으면 사람이 다른 방언을 말하게 된다는 것을 증명해 보였습니다.

"입의 고백으로 구원에 이르고…" "그가 말한 것은 무엇이든지 가지게 되리라." 하나님의 말씀으로부터 온 이 문장들은 다른 단어로 똑같은 말을 하고 있습니다. 당신은 패배를 고백해서는 승리를 얻을 수 없습니다. 그렇지요?

"입의 고백으로 구원에 이르고…" "그가 말한 것은 무엇이든지 가지게 되리라." 만약에 당신의 마음으로 믿고 입으로 말한다면 당신은 그것을 가지게 될 것입니다! 당신은 질병을 고백해서는 건강을 얻을 수 없습니다. 그렇지요?

"입의 고백으로 구원에 이르고…" "그가 말한 것은 무엇이든지 가지게 되리라." 가난을 고백해서는 당신의 필요가 채워지지 않습니다. 그렇겠지요?

당신이 패배와 실패를 고백함으로 성공을 얻을 수는 없습니다. 그렇지요?

사람들이 잘못된 것에 대해 가지고 있는 믿음이 얼마나 놀라운지 모릅니다. 그리고 그들이 잘못된 것을 믿고 있기 때문에 그들은 잘못된 것들에 대해서 항상 말합니다. 그들은 질병을 믿기 때문에 질병을 말합니다. 그들은 패배를 믿기 때문에 패배를 말합니다.

저는 질병을 믿지 않습니다. 어디에서든지 볼 수 있기 때문에 저는 질병이 존재한다는 것은 믿습니다.

그러나 저는 건강을 **믿기** 때문에 항상 치유와 건강을 **말합니다.**

가끔 제가 감기 증상을 보일 때 어떤 사람들은 저에게 말했습니다. "오, 당신 감기에 걸렸군요."

저는 말합니다. "아닙니다. 저는 감기에 걸리지 않았고 걸리지도 않을 것입니다. 사탄이 저에게 감기를 주려고 하고 있지만 저는 받지 않을 것입니다." 바로 그 때 그 증상들이 저를 떠납니다.

저는 당신에게 믿음을 어떻게 연습하는지 가르쳐 드리려고 하는 것입니다. 믿음은 당신에게 역사할 것입니다. 하나님의 말씀은 우리가 보이는 것으로 행하지 않고 믿음으로 행한다고 선포합니다. 그러므로 믿음으로 행하십시오. 보이는 것으로 행하는 것을 그만두십시오. 대부분의 사람들이 믿음으로 말하기 보다는 보이는 것으로 말합니다. 그러나 우리는 믿음으로 말해야합니다. 믿음을 말하십시오. 믿음을 행동하십시오. 당신의 말과 행동이 일치하도록 하십시오. 그것이 당신을 믿는 자로 만듭니다.

저는 패배를 믿지 않기 때문에 절대로 패배를 말하지 않습니다. 저는 실패를 믿지 않기 때문에 절대로 실패를 말하지 않습니다. 저는 하나님이 아프다거나 그분이 실패자라거나 그분이 패배 당했음을 믿지 않습니다. 그분은 실패한 적도 패배당한 적도 없고 앞으로도 절대 그럴 일이 없으신 분입니다. 그런데 왜 제가 패배와 실패와 질병을 말하겠습니까?

당신의 믿음을 고백하십시오

저는 예수님이 아프다고 믿지 않습니다. 당신도 그렇게 믿습니까? 저는 예수님이 패배 당했다는 것을 믿지 않습니다. 당신은 그렇게 믿습니까? 저는 예수님이 실패자라고 믿지 않습니다. 당신은 그렇게 믿습니까? 저는 예수님이 치유자이심을 믿고 그분이 치유자이시기 때문에 제가 건강을 가지고 있음을 믿습니다. 저는 저를 사랑하시고 자기 자신을 내어주신 그분을 통해 제가 정복자보다 나은 자임을 믿습니다.

저는 그리스도인들이 자신들이 누구이며 그들이 그리스도 안에서 누구인지 알게 된다면 그들에게 속한 것이 무엇인지 아는 수준으로 솟아오르게 될 것이라고 믿습니다!

그러나 문제는 어떤 사람들은 자연적이고 육체적인 관점에서 사물을 바라보고 있습니다. 하나님은 영적인 관점에서 사물을 보고 계십니다. 그러나 어떤 그리스도인들은 계속해서 자신들을 육체적인 관점에서 보고 이 어둠의 나라를 보고, 믿음이 아닌 보이는 것으로 행하게 됩니다. 그들은 패배를 생각하고 패배를 말하고, 패배당합니다! 그리고 그들은 다음과 같은 오래된 불신앙의 노래들을 부릅니다. "내가 이곳을 더위와 추위 속에서 거지처럼 헤맨다." 이것들이 바로 그리스도인들을 패배시키는 것들입니다.

성경에서 뭐라고 말하는지 알아내고 이렇게 고백하기 시작하십시오. "하나님 안에서 나는 이런 존재이다. 그리스도 안에서 나는 이런 사람이다."

저는 그리스도가 아프다는 것을 믿지 않습니다. 그의 몸에는 어떤 질병도 있어서는 안 됩니다! 저는 예수님이 패배

당했거나 그가 실패자라고 믿지 않습니다. 저는 그가 정복자임을 믿습니다! 그렇기 때문에 성경은 말합니다. "우리를 사랑하신 그분을 통해 우리는 정복자보다 나은자이니라"(롬 8:37, 한글킹제임스).

믿음의말씀사 출판물

구입문의 : 031-8005-5483 / 5493   http://faithbook.kr

■ 케네스 해긴의「믿음 도서관」책들

문고판(소책자)
- 그리스도 안에서 | 값 1,000원
- 새로운 탄생 | 값 1,000원
- 재정 분야의 순종 | 값 1,000원
- 나는 지옥에 갔다 왔습니다 | 값 1,000원
- 하나님의 처방약 | 값 1,000원
- 더 좋은 언약 | 값 1,000원
- 예수의 보배로운 피 | 값 1,000원
- 하나님을 탓하지 마십시오 | 값 1,000원
- 네 주장을 변론하라 | 값 1,000원
- 셀 모임에서 성령인도 받기 | 값 1,000원
- 안수 | 값 1,000원
- 치유를 유지하는 법 | 값 1,000원
- 사랑은 결코 실패하지 않습니다 | 값 1,000원
- 하나님께서 내게 가르쳐 주신 형통의 계시 | 값 1,000원
- 왜 능력 아래 쓰러지는가? | 값 1,000원
- 다가오는 회복 | 값 1,000원
- 잊어버리는 법을 배우기 | 값 1,000원
- 위대한 세 단어 | 값 1,000원
- 하나님의 은사와 부르심 | 값 1,000원
- 그 이름은 "놀라우신 분" | 값 1,000원
- 우리에게 속한 것을 알기 | 값 1,000원
- 말 | 값 1,200원
- 성령을 받는 성경적인 방법 | 값 1,200원
- 하나님의 영광 | 값 1,200원
- 은혜 안에서의 성장을 방해하는 다섯 가지 | 값 1,200원
- 사랑 가운데 걷는 법 | 값 1,200원
- 바울의 계시: 화해의 복음 | 값 1,200원
- 당신은 당신이 말하는 것을 가질 수 있습니다 | 값 1,200원
- 방언기도의 능력을 풀어 놓으라 | 값 2,000원
- 옳은 사고방식 틀린 사고방식 | 값 2,000원
- 속량 – 가난, 질병, 영적 죽음에서 값 주고 되사다 | 값 2,000원
- 네 염려를 주께 맡겨라 | 값 2,000원
- 예언을 분별하는 일곱 단계 | 값 2,000원
- 절망적인 상황을 반전시키기 | 값 2,000원
- 당신의 믿음을 풀어 놓는 법 | 값 2,000원
- 진짜 믿음 | 값 2,000원
- 믿음이란 무엇인가 | 값 2,000원

국판

- 그리스도께서 지금 하고 계시는 일 | 값 2,500원
- 충분하고도 넘치는 하나님 엘 샤다이 | 값 2,500원
- 금식에 관한 상식 | 값 2,500원
- 하나님의 말씀 : 모든 것을 고치는 치료제 | 값 3,000원
- 가족을 섬기는 법 | 값 3,000원
- 조에 | 값 4,000원
- 당신이 알아야 하는 신유에 관한 일곱 가지 원리 | 값 5,000원
- 여성에 관한 질문들 | 값 5,000원
- 인간의 세 가지 본성 | 값 5,500원
- 몸의 치유와 속죄 | 값 6,000원
- 크게 성장하는 믿음 | 값 6,000원
- 하나님 가족의 특권 | 값 6,500원
- 기도의 기술 | 값 7,000원
- 나는 환상을 믿습니다 | 값 7,000원
- 병을 고치는 하나님의 말씀 | 값 7,000원
- 영적 성장 | 값 7,000원
- 신선한 기름부음 | 값 7,000원
- 믿음이 흔들리고 패배한 것 같을 때 승리를 얻는 법 | 값 7,000원
- 믿음의 선한 싸움을 싸우는 법 | 값 7,000원
- 하나님의 계획과 목적과 추구 | 값 8,000원
- 예수 열린 문 | 값 8,000원
- 믿음의 계단 | 값 8,500원
- 당신을 향한 하나님의 계획 | 값 8,500원
- 역사하는 기도 | 값 9,000원
- 기름부음의 이해 | 값 9,000원
- 내주하시는 성령 임하시는 성령 | 값 9,000원
- 재정적인 번영에 대한 성경적 열쇠들 | 값 9,000원
- 어떻게 하나님의 영으로 인도받을 수 있는가? | 값 10,000원
- 마이더스 터치 | 값 10,000원
- 치유의 기름부음 | 값 10,000원
- 그리스도의 선물 | 값 12,000원
- 방언 | 값 12,000원
- 믿는 자의 권세(생애기념판) | 값 13,000원
- 믿음의 양식 | 값 13,000원
- 승리하는 교회 | 값 15,000원

■ E. W. 케년

- 십자가에서 보좌까지 무슨 일이 일어났는가? | 값 12,000원
- 두 가지 의 | 값 7,000원
- 놀라우신 그 이름 예수 | 값 7,000원
- 하나님 아버지와 그분의 가족 | 값 12,000원
- 나의 신분증 | 값 4,000원
- 두 가지 생명 | 값 11,000원
- 새로운 종류의 사랑 | 값 6,000원
- 그분의 임재 안에서 | 값 13,000원
- 두 가지 지식 | 값 4,500원
- 피의 언약 | 값 4,000원
- 숨은 사람 | 값 12,000원

■ 스미스 위글스워스
- 스미스 위글스워스의 천국 | 값 11,000원
- 스미스 위글스워스의 매일묵상 | 값 20,000원
- 위글스워스는 이렇게 했다 | 피터 J. 매든 지음 · 값 9,000원
- 스미스 위글스워스의 능력의 비밀 | 피터 J. 매든 지음 · 값 7,000원

■ T. L. 오스본
- 행동하는 신자들 | 값 4,500원
- 기적 – 하나님 사랑의 증거 | 값 4,500원
- 새롭게 시작하는 기적 인생 | 값 8,000원
- 좋은 인생 | 값 13,000원
- 성경적인 치유 | 값 10,000원
- 능력으로 역사하는 메시지 | 값 12,000원
- 100개의 신유 진리 | 값 1,000원
- 24 기도 원리 7 기도 우선순위 | 값 1,000원
- 하나님의 큰 그림 | 값 5,500원
- 긍정적 욕망의 힘 | 값 10,000원

■ 잔 오스틴
- 믿음의 말씀 고백기도집
- 하나님의 사랑의 흐름
- 견고한 진 무너뜨리기
- 초자연적인 흐름을 따르는 법
- 당신의 운명을 바꿀 수 있습니다
- 어떻게 하나님의 능력을 풀어놓을 수 있는가?

■ 크리스 오야킬로메
- 방언기도학교 31일 | 값 2,500원
- 여기서 머물지 말라 | 값 2,500원
- 이제 당신이 거듭났으니 | 값 1,500원
- 당신의 인생을 재창조하라 | 값 2,000원
- 이 마차에 함께 타라 | 값 5,000원
- 그리스도 안에 있는 당신의 권리 | 값 2,500원
- 당신의 치유를 유지하기 | 값 500원
- 성령님과 당신 | 값 2,500원
- 방언의 능력 | 값 1,000원
- 성령님이 당신 안에서 행하실 일곱 가지 | 값 3,500원
- 성령님이 당신을 위해 행하실 일곱 가지 | 값 3,000원
- 기적을 받고 유지하는 법 | 값 2,500원
- 하나님께서 당신을 방문하실 때 | 값 3,500원
- 올바른 방식으로 기도하기 | 값 2,500원
- 당신의 믿음을 역사하게 하는 법 | 값 5,000원
- 끝없이 샘솟는 기쁨 | 값 1,500원
- 기름과 겉옷 | 값 4,000원
- 약속의 땅 | 값 8,000원
- 하나님의 일곱 영 | 값 5,000원
- 예언 | 값 4,000원
- 시온의 문 | 값 4,000원
- 하늘에서 온 치유 | 값 10,000원

- 효과적으로 기도하는 법 | 값 6,500원
- 어떤 질병도 없이 | 값 6,000원
- 주제별 말씀의 실재 | 값 15,000원
- 마음의 능력 | 값 8,000원

■ 앤드류 워맥
- 당신은 이미 가졌습니다 | 값 14,000원
- 은혜와 믿음의 균형 안에 사는 삶 | 값 11,000원
- 하나님은 당신이 건강하기 원하십니다 | 값 12,000원
- 영 · 혼 · 몸 | 값 8,500원
- 전쟁은 끝났습니다 | 값 11,000원
- 믿는 자의 권세 | 값 12,000원
- 새로운 당신과 성령님 | 값 6,500원
- 노력 없이 오는 변화 | 값 10,000원
- 하나님의 충만함 안에 거하는 열쇠 | 값 9,000원
- 더 좋은 기도 방법 한 가지 | 값 9,000원
- 재정의 청지기 직분 | 값 8,500원

■ 기타「믿음의 말씀」설교자들
- 성령의 삶 능력의 삶 | 데이브 로버슨 지음 · 값 20,000원
- 복을 취하는 법 | R.R. 쏘아레스 지음 · 값 5,500원
- 주는 자에게 복이 되는 선물 | R.R. 쏘아레스 지음 · 값 6,000원
- 믿음으로 사는 삶 | 코넬리아 나줌 지음 · 값 6,000원
- 붉은 줄의 기적 | 리차드 부커 지음 · 값 10,000원
- 당신이 말한 대로 얻게 됩니다 | 돈 고셋 지음 · 값 10,000원
- 예수−치유의 길 건강의 능력 | 윌포드 H. 리트 지음 · 값 11,000원
- 믿음과 고백 | 챨스 캡스 지음 · 값 12,000원
- 임재 중심 교회 | 테리 테이클/린 폰드 지음 · 값 11,000원
- 성령충만한 그리스도인의 지침서 | 데릭 프린스 지음 · 값 30,000원
- 열정과 끈기 | 조엘 코미스키 지음 · 값 8,000원
- 제자 만들기 | 랄프 무어 지음 · 값 11,000원
- 어떻게 교회를 배가하는가 | 랄프 무어 지음 · 값 15,000원

■ 김진호 · 최순애
- 왕과 제사장 | 김진호 지음 · 값 6,500원
- 새로운 피조물의 실재 | 김진호 지음 · 값 9,000원
- 믿음의 반석 | 최순애 지음 · 값 22,000원
- 새 언약의 기도 | 최순애 지음 · 값 8,000원
- 새로운 피조물 고백기도집 | 최순애 지음 · 값 4,500원
- 성령 인도 | 최순애 지음 · 값 7,000원
- 복음의 신조 | 최순애 지음 · 값 9,000원
- 존중하는 삶 | 최순애 지음 · 값 8,000원
- 성경의 세 가지 접근 | 최순애 지음 · 값 3,000원
- 말씀 묵상과 고백 | 최순애 지음 · 값 3,000원
- 그리스도의 교리 | 김진호 지음 · 값 10,000원
- 영혼 구원 | 김진호 지음 · 값 8,000원